新时代中华传统文化知识丛书

中国
古代思想家

李燕 罗日明 主编

 海豚出版社
DOLPHIN BOOKS
CICG 中国国际传播集团

图书在版编目（CIP）数据

中国古代思想家 / 李燕 , 罗日明主编 . -- 北京：
海豚出版社 , 2025. 4. -- (新时代中华传统文化知识丛
书). -- ISBN 978-7-5110-7314-3

Ⅰ. B2

中国国家版本馆 CIP 数据核字第 20250NB002 号

新时代中华传统文化知识丛书

中国古代思想家

李 燕　罗日明　主编

出 版 人	王　磊
责任编辑	张　镛
封面设计	薛　芳
责任印制	蔡　丽
法律顾问	北京市君泽君律师事务所　马慧娟　刘爱珍
出　　版	海豚出版社
地　　址	北京市西城区百万庄大街 24 号
邮　　编	100037
电　　话	010-68325006（销售）　010-68996147（总编室）
印　　刷	天津睿意佳彩印刷有限公司
经　　销	新华书店及网络书店
开　　本	710mm × 1000mm　1/16
印　　张	10
字　　数	84 千字
印　　数	3000
版　　次	2025 年 4 月第 1 版　2025 年 4 月第 1 次印刷
标准书号	ISBN 978-7-5110-7314-3
定　　价	39.80 元

序 言

在中华几千年的历史长河中，众多杰出的思想家熠熠生辉，他们针对当时社会存在的一些问题进行了深入的分析和理性的思考，并给出了自己的解决方案。这些解决方案不仅有效缓解了当时的社会问题，推动了历史的发展，甚至直到现在仍能解决我们在工作、生活中遇到的问题，帮助我们化解危机，让我们生活得更好。

古人的身影早已远去，古人的思想却并不一定遥远。虽然人类社会不断向前发展，今天的生活环境早已不同往日，但人的秉性并没有太大的改变，我们现在面临的诸多问题其实古人也遇到过，并给出了不同的答案。

比如，如何学习？孔子说要"学以致用"，要"温故而知新"；湛若水说"学贵知疑"；黄宗羲说要"深求其故，取证于心"。只有不断深思、质疑，对知识进行加工整理，才能产生自己的见解，才能有所创新。

面对喧嚣的世界，我们如何才能获得内心的宁静？庄子说只要我们摒弃世俗的价值，就能超越现实世界，从而获得无限的自由和内心的宁静。面对社会上的一些不平之事，我们应该怎么做？王守仁认为我们应该去管、去帮，让所有不符合良知的事情变得符合我们的良知。

虽然时代变了，但古人的智慧观点依然可以给我们以参考。故此，我们编撰这本《中国古代思想家》，希望在弘扬中华传统文化的同时，给大家以思想的启迪。

目 录

第五章　宋元时期思想家

第六章　明清时期思想家

第一章

中国古代
思想史概述

一、哲学思想的源头

古希腊一位名叫泰勒斯的智者曾仰望星空，并追问万物本原；笛卡尔曾反复追问"真正的知识是什么"，从而确立其普遍怀疑的根基；康德曾深沉追问"我可以知道什么"，让世界从独断迷梦中惊醒。哲学，始终是人类思考当下时代的契机和原点。

哲学是什么？冯友兰在《中国哲学简史》中对哲学如此定义：哲学就是对于人生的有系统的反思的思想。人生论、宇宙论、知识论都是从这个类型的思想产生的。

从冯友兰的文字中我们能感觉到，哲学是一种思考，思考的对象是人生。人生有内外的分别，对内的人生就是自己个人，对外的人生就是自己生存的环境、状态。简而言之，哲学就是对于人一切相关问题的思考。

在大多数人眼中，哲学是一门复杂深奥的学科，并且在当今竞争日趋激烈的社会当中，哲学似乎变得越来越跟不上生活的节奏。但其实，哲学这种关于人生问题的学问，几乎可以解决我们所有的困惑，我们在人生中遇到的任何事情，都可以在哲学之中寻找到答案。

哲学起源于人类对于宇宙万物的观察和思考。例如古代的先民看到太阳从东边升起西边落下，月亮有阴晴圆缺，星星会按照四时的不同构成不同的图案。这种对外部事物的观察，促使他们去思考这些事物对于自己生活的意义，进而产生了早期的思想，这就是蒙昧时期原始哲学产生的过程。

思考着的古人

告别蒙昧之后，人类进入私有制社会时期，对于自然的观察越来越准确，思考也越来越有高度，越来越成体系，逐渐朝着几个固定的方向开展，最终形成了构成哲学的几个重要问题。

第一，天地万物的由来；

第二，人生的意义和人应该怎样生活；

第三，社会应该怎样组成，国家应该怎样管理；

第四，知识的构成、知识的范畴、知识的作用，以及如何获得知识；

第五，人性的善与恶，如何行善去恶；

第六，人生的归宿，人死后的意义。

总而言之，哲学是一门海纳百川、贯通万物的学科。它不仅研究人类生活中的基本问题和普遍问题，同时对于人类的起源、物质的构成、宇宙的变化规律和人与自然之间的关系都有着深入的探讨和研究。而中国哲学作为人类哲学重要的组成部分，孕育于蒙昧时期，并经由多个时代的发展，最终在今天绽放着独特的光芒。

二、上古时期的思想探索

哲学起源于上古先民对于自然的探索和思考。蒙昧时期人们的思考是朴素而简单的，却能够反映先民的基本精神状态。那是一个哲学奠基的时代，后续发展的哲学都以这一时代的原始思想为根基。

上古先民在认识世界的过程中留下诸多记载，这些记载多近于神话传说，甚至荒诞不经，但其背后所反映的确实是先民对于自然的集体认知。

中国上古神话传说，如炎黄大战、神农尝百草、伏羲作八卦的背后，代表的都是上古先民对于自然的认知和总结。以伏羲作八卦为例，上古先民通过对自然的观察，用数术的方式将天道与人生联系在一起，它反映的是上古先民一种朴素的认知，即万物之间是有一定联系的，思考是可以作用于外物之上的。例如，观察到了河水的泛滥，想到的不仅仅是这条河，还有与河有关的事物或行为，甚至一些抽象的规律。这就是最早的形而上学。

尧、舜、禹时代是先民从蒙昧时期走向有史时期的重要时代，今天的考古学虽然没有能够找到尧、舜、禹时代的实证，但我们仍然可以根据记载来管窥那时的社会状况。在那一时期，部落被组织起来，有了制度，有了律法，官员被按职分配，统治者可以用道德或暴力对部落进行统治，国家的雏形形成了。

这些抽象名词的出现，代表此时哲学思考已经开始向社会化过渡，已经有了伦理思想，有学者认为后续的儒学思想就萌芽于此时。

孔子曰："如有所誉，其有所试。唐虞之隆，殷周之盛，仲尼之业，已试之效者也。"有学者据此认为，儒家思想在尧、舜、禹三代就已经出现。近代学者谢无量就认为："唐虞之际，契作司徒，敬敷五教：父子有亲，君臣有义，夫妇有别，长幼有序，朋友有信，此亦即儒家之根本主义。"

各种出土证据证明了商王朝的存在，而商王朝本身的存在和后世各种对商王朝的记载，也证明了哲学思想在这一时代得到了进一步的发展。夏商时期各种占卜盛行，那时的人们通过占卜将天象与吉凶联系在一起，反映了一种简单的辩证思想。而这种迷信思想，又是一种将原始朴素的鬼神信仰转变为维护统治地位的意识形态的表现。

《礼记》中孔子说："殷人尊神，率民以事神，先鬼而后礼。"这句话的意思是商朝人崇信鬼神，国君率领百姓尊奉鬼神，人们在社会生活中最重视鬼神然后才是礼。所以，殷人政教尊卑有序而血缘宗法不重。商朝人这种思想延续到周朝，天子统御天下，享有至高无上的地位，"普天之下，莫非王土，率土之滨，莫非王臣"，这种神权与王权合并的思想，催生了家天下、大一统、中央王朝政治制度的雏形。

简而言之，在春秋战国之前，中国人的思想探索是从蒙昧中走来的，是从早期对自然最朴素的观察和最简陋的思考开始的，并最终随着社会经济的发展进入了思想大发展的百家争鸣时代。

三、百家争鸣

春秋战国时期，不同学派从不同阶级的利益出发，著书立说，阐述自己的观点和看法，互相之间还进行了激烈的争辩，形成了空前的文化繁荣，历史上称其为诸子百家争鸣。

西周以前，我国还是等级森严的奴隶社会，那时学术只为少数贵族所掌握。到了春秋时期，随着奴隶制度的瓦解，封建地主阶级的出现，私学的兴起，学术开始被更多的人掌握。战国时期诸侯争霸愈演愈烈，面对混乱的局面，有志之士纷纷发表自己的看法，于是形成了诸子百家争鸣的局面。

那么，百家争鸣的局面是怎么出现的，其社会根源又是什么呢？

周朝是典型的分封制国家，也就是所谓的画土分疆，姬姓的周王室作为天下的共主，在名义上统治着整个中原地区。但是，具体到某一地区，则由周王室分封的诸侯国进行管理，如齐国、鲁国、晋国、郑国等。在诸侯国内部，国君又成为整个诸侯国的主人，并对诸侯国内部的土地进行再一次的划分，即为"采邑"。被封"采邑"的对象为士大夫，身份则是国君家族成员以及国君认可的功臣，采邑之内则是被统治的百姓。

就这样，周王朝形成了一个由周天子站在最顶端，百姓站在最底端的金字塔统治结构：天子—诸侯—士大夫—百姓，一级统治着一级。在这个统治结构中，底层百姓是与文化绝缘的，他们没有受教育的机会，只能被动地接受统治而很难通过受教育来实现阶级跃升。

然而，随着历史进入东周，周天子的实力和威信大大衰弱，已经丧失了维持自己统治的绝对力量，天下共主于是就成了一个空头衔。春秋时期，各诸侯国相互攻伐，加上周边少数民族的入侵，让中原陷入战乱之中。战乱让很多诸侯国的国力发生了变化，一些诸侯国变强，一些诸侯国变弱，而诸侯国内的士大夫经历了更加强烈的震荡，有些甚至丧失了采邑而变成了百姓。

在这种情况下，知识便开始传播到民间，让一些底层人民也有了受教育的机会，分封制度因此被逐渐瓦解，旧时代所提倡的各种与社会等级制度相关的文化思想和文化制度也开始因不合时宜而被改造，孔子所说的"礼崩乐坏"的时代开始了。

在这个时代，一个显著的变化是周王朝的统治思想不再被认为是唯一的正统，其社会价值遭到了质疑，一些更具有时代意义的思想探索开始出现。这种探索与诸侯国之间国力的竞争结合起来，给了各种思想展示自己的舞台。如儒家强调施行仁政，认为仁政对于提升国力有显著的帮助；法家强调制度，用控制人民的方式让国家强大；道家强调无为之治，虽然未得到太多人的认可，却在社会中下层积累了广泛的声望；墨家强调人民用秘密组织来对抗无义的诸侯，等等。这些学派就被称为"百家"，而学派的创立者和代表人物则被称为"诸子"。

老子与孔子

诸子百家就天道、礼与法、社会伦理、政治论、认识论等问题进行了深入的探讨，不同学派表达了不同的看法。

百家争鸣的时代是中国古代思想和文化最为灿烂的时代，各流派的成就与同期古希腊文明交相辉映，为中华文明的发展和中国古代哲学的发展奠定了基础。

四、古代思想发展历程

中国古代涌现了众多具有重要影响力的思想学派，它们在不同时期兴衰、起落，对当时的社会和文化产生了重大的影响。古代思想的发展和交流使中国思想史更加丰富，并使哲学思想成为中国传统文化的重要组成部分。

中国古代哲学思想一脉相承，大致的发展脉络可以以时间来划分为：先秦诸子百家时期、秦汉经学时期、魏晋南北朝及隋唐三教并行时期、宋明理学时期等。

一、先秦诸子百家时期

历史发展到春秋战国时期，随着巨大的社会大变革，思想迎来了一个大的解放潮流，在这一时期，以儒家、道家、墨家、法家等为代表的百家争鸣，为中华思想的发展奠定了基础。

二、秦汉经学时期

儒学在秦汉时期成为显学，随着秦朝统一中国，百家争鸣宣告结束，但因为秦朝奉行法家，实行残暴统治，让很多人意识到法家对社会的摧残。当秦朝灭亡之后，百姓亟待休养生息，崇尚无为而治的黄老之学因此盛行。而后，在汉武帝时期，随着国力强盛，政府需要对国家进行强力管控，此时奉行王道的儒学经过董仲舒的改革，最终被统治阶级所采纳，从而形成了"罢黜百家，独尊儒术"的思想统一，让儒学成了社会主流思想。

但是，此时的儒学是建立在秦朝灭儒基础上的复兴。复兴之后的儒学一方面需要对先秦儒学加以继承，因此就诞生了考据和修订先秦儒学经典的经学；而另一方面，需要对先秦儒学进行改造，这主要是因为统治阶级需要为自己的统治寻求合法性，因此此时的儒学已经完全不同于春秋儒学，甚至吸收了天人感应、宿命论、五行论等阴阳学说的元素。

随着汉朝统治的瓦解，中原再一次陷入乱世，黄老之学得以复兴，并与当时流行的方术之道相结合，促成了本土宗教道教的诞生。在汉末三国军阀混战中，道家以维护民间正义自居，吸引并保护了大量底层人民，渐渐让道家思想成为对抗中央王朝的思想工具，道教和道家思想得以流行开来。

和道教流行几乎同一时间，佛教也开始在民间传播。汉末传入中国的佛教以轮回、救世思想吸引了大量处在痛苦之中的底层人民，并积蓄了极大的力量，终于在此后的魏晋南北朝时期成为一股重要的思想派别。

三、魏晋南北朝及隋唐三教并行时期

汉朝崩溃之后，中国历史进入长期的分裂状态。魏晋南北朝时期，战乱不止，传统的儒学受到了冲击，一些质疑儒学（经学）意义的人开始转而研究带有唯心色彩的玄学。魏晋南北朝是属于士族的时代，士族崇尚清谈玄学，玄学既有黄老之学的色彩，又是从儒学中脱胎而来，可以说是专属于这一时代的思想流派。

在玄学流行的同时，道家思想与佛家思想随着道教与佛教的发展在民间流行开来，并逐渐为统治者所接纳，最终在隋唐时期与儒学一起形成了三教并行的局面。

道家思想在南北朝时期得到了极大的发展。在这一时期，根据地域的不同，道家分为多个派别，各派别相互融合，不但完善了道教体系，更完成了道家思想体系的搭建。

佛教在南北朝时期的发展较之于道教更为兴盛，南北朝许多政权都崇佛，原因是在乱世中佛家思想更能维护统

治的稳定。

在统治者的支持下，北方出现了大量佛教石窟，南方则出现了大量的佛寺，大量的佛经被翻译进来，大量的佛教思想家涌现出来，为隋唐时期佛教的本土化奠定了基础。

南北朝时期，儒学思想体系受到了来自宗教思想的冲击，基本上丧失了独尊的地位。到了唐代，在官方的支持下，儒学得以复兴，尤其是在唐代后期，韩愈、柳宗元等提倡复古运动，推动了儒学思想的变革，为此后儒学在宋明时期的复兴奠定了基础。

在复兴儒学之外，唐朝统治者对于佛教的热情并不低于南北朝时期，加上唐朝前期稳定而繁荣的社会局面，佛教得到了极大的发展，并出现了一些重要的流派，如华严宗、律宗等，之前的禅宗、净土宗等也得到了发展。

道教在唐朝的发展也非常迅猛，因为唐朝皇室李氏尊李耳为远祖，有意地扶持道教的发展。此时，道教的炼丹活动活跃度达到了顶峰，崇尚炼丹的道教流派以宗教信仰为核心，推动了道教在民间的传播。

四、宋明理学时期

唐朝灭亡之后，经过五代十国的几十年分裂，宋代时期儒学得到了极大的复兴。宋代儒生吸收儒学思想，社会上出现了注重思辨的理学思潮，由周敦颐、张载、邵雍、程颢、程颐所创立的理学迅速崛起，南宋的朱熹则将一系列理论进行总结，最终形成了影响深远的程朱理学。

程朱理学是儒学的新发展，伴随着知识分子统治的开始，逐步被统治者接受成为主流思想，此后经过历代变革，终于成为统治阶级普遍认可的思想。到了明朝时期，程朱理学更是成为中国主流社会的唯一重要思想，但此时它僵化的一面也开始展现出来。明朝中后期，随着知识分子对于理学的批判越来越多，终于出现了对程朱理学缺陷进行系统性批判的心学。

心学在宋朝时就已经初露端倪，宋朝人陆九渊创立了心学，明朝王阳明发展了陆九渊的思想，让具有思想解放色彩的心学成为显学。此后，李贽这个一直与主流思想对抗的斗士更是将心学发展到了巅峰。

到了明末清初，一批以反思传统儒学为立场的知识分子，如王夫之、黄宗羲、顾炎武等，从经世致用的角度出发，对传统思想进行了批判式的继承，最终形成了代表新儒学的实学思想。

第二章

先秦时期
思想家

一、老子

老子（约前571—前470或471年），姓李，名耳，字聃，春秋时期人，道家学派创始人，被道教尊称为"太上老君"。

道家思想起始于老子，不过在汉代以前虽有道家之实，却无道家之名。汉初，司马谈（司马迁的父亲）在撰写《论六家要旨》时，为了方便描述，将先秦学派分为道、儒、墨、名、法、阴阳六家，这才有了"道家"一说。

相传周王朝衰落，天下大乱，老子出函谷关准备游历天下，守卫函谷关的长官听说老子要出关云游天下，觉得以后可能再也见不到这位智者了，便让老子留下一本著作。老子留在函谷关，几日内写下了著名的《道德经》，之后就骑着青牛离开了，从此世间再也没有老子的信息。

老子的思想以"道"为核心，主要体现在《道德经》

一书中。在《道德经》中，老子多次使用了"道"这个词，这些"道"在不同的语境中有不同的含义，总的来说有以下三层含义：

一是形而上的"道"。老子认为"道"是天地之始、万物之母，道在无意之中缔造了世间万物。

二是规律性的"道"。老子认为事物总是朝着返回原来状态的方向发展，他认为由道产生运动，发展到一定阶段后，又回归于道，这样周而复始，生生不息。

三是生活准则的"道"。老子认为"道"也是人类行为的标准，作用于人生就是"德"。

老子主张"自然无为"，认为任何事物的发展都有其自己的规律，人不应该干涉，而是让其顺应自身的情况去发展。老子强调"无为而无不为"，建议统治阶级不要干扰百姓，最好的统治就是让百姓感觉不到统治阶级的存在，这样就能功成事遂。当然，老子的"无为"并不是什么都不做，而是不妄为，不去过多地干涉百姓，让百姓自己去创造，从而实现自我。

老子认为世间任何事物都具有正反两面，有美就有丑，有善就有恶，有难就有易，从表面看，正反两面是相互对立的，其实二者是相互联系、相互转化的，比如"祸兮福之所倚，福兮祸之所伏"。

老子崇尚朴素和稚拙，于是有了"大巧若拙"，他提倡的恬淡之美成为宋代的审美风尚，他的"涤除玄览"还影响了中国美学的发展。老子的思想还在政治学、伦理学等诸多方面有很大的影响，他的思想不仅属于中国，也属于世界。

二、孔 子

孔子（前551—前479年），名丘，字仲尼，春秋时期鲁国陬邑（今山东省曲阜市）人，儒家学派创始人，被后世尊为"至圣"，其思想影响深远。

冯友兰在《中国哲学简史》中说，"儒"就是"教授经典和指导礼乐的专家"。"儒学"，是儒家思想；"儒家"，就是从事儒学的组织或阶层；"儒教"，是一种宗教信仰，是"三教九流"中的"三教"之一。

儒学是中国传统文化的核心思想，在塑造中华民族性格的历史过程中享有举足轻重的地位。儒学由孔子提出，在汉代时被发扬光大，往后一直影响中国乃至整个东亚的文化。包括中国、朝鲜半岛、日本、越南等地在内的广大东亚区域，都可以被笼统地归为儒家文化圈，可见儒学辐射范围之广、影响之深远。而这一切的发起者，就是被尊为至圣先师的孔子。

孔子是春秋时期宋国贵族后裔，先祖因为避祸逃到了鲁国，孔子的父亲叔梁纥是鲁国陬邑地区的长官，但在孔子三岁时就病逝了。

孔子十五岁就立下了做学问的远大志向，他不仅读了很多书，还善于思考；二十多岁就对国家大事发表自己的见解；后来又开办了中国历史上的第一所私人学校，开始教书育人；三十岁时，在鲁国已经小有名气。

前517年，鲁国发生内乱，孔子离开鲁国去往齐国，齐景公向孔子请教治理国家的办法，孔

子回答："君君，臣臣，父父，子子。"后来孔子又回到鲁国，因不满鲁国被家臣掌政，不再过问政事，开始潜心教学和修订《诗》《书》《礼》《乐》等典籍。

前500年，孔子被任为鲁国大司寇（管理治安的官职），仅三个月，孔子就让当地的治安达到了路不拾遗的效果。孔子推行仁政，爱护百姓，这跟当时的鲁国官场风气格格不入，因此受到排挤，孔子不得已再一次离开鲁国，开始周游列国。

前 497 年，孔子开始周游列国，带领弟子去了卫国、齐国、蔡国、陈国、楚国等国，四处传播自己的治国理念，可惜都没有得到重用。历时十四年，孔子又回到了自己的故乡，这时孔子已经六十七岁了，治国无望后孔子一边教书育人，一边整理文献，直到逝世。孔子逝世后，他的弟子将其言行和思想整理出来，编成了儒家的经典之作——《论语》，直到现在还深受读者的喜爱。

孔子生活在诸侯争霸的混乱时代，面对礼崩乐坏的困局，孔子创立了以"仁"为核心的儒家学说。他认为"仁"是"爱人"，在家要孝敬父母、敬爱兄长，在外要尊敬长辈，对朋友要讲信用，要博爱，要为大众谋福利，要"成人之美，不成人之恶"，等等。孔子认为"礼"是治国之本，想要将国家治理好就要先建立一定的"礼制"，孔子希望统治阶级能恢复西周时的秩序和制度。他主张"为政以德"，希望用道德教化去治理国家而不是用严刑峻法，最终通过"德治"建立一个"天下为公"的大同社会。

三、墨 子

墨子（约前468—前376年），名翟，春秋战国时期墨家学派的创始人。墨子死后，弟子将其语录整理汇编成《墨子》一书。

墨子是春秋末期战国初期宋国人，其先祖是宋国贵族，因故被降为平民。作为一个没落贵族的后裔，墨子受到一定的文化教育，但他自幼又参加劳动，因此精通木工制作，据说他制作的守城器械比鲁班的还好。

长大后，墨子为了恢复祖先的荣耀外出游历，学习治国之道。他向周王朝礼官学习过周礼，跟儒者学习过儒学，还做过宋国的大夫，用精湛的木工技术加上伶俐的口齿阻止了楚国对宋国的战争。

墨子曾多次访问楚国，还将自己的著作献给楚王，楚王邀请他来楚国做官，并许诺给他五百里封地，却对墨子的政治主张不感兴趣。墨子得知楚王不想采用自己的政治主张，于是拒绝了楚王的邀请，然后离开了楚国。

墨子生活在社会制度大变革的春秋战国时期，当时阶级矛盾尖锐，诸侯贵族整天无所事事却过着穷奢极侈的生活，广大劳动者整天劳作却食不果腹，亲身参与劳动的墨子对此深有感触。再加上争霸战争旷日持久，让人民的生活更加艰难。面对这样的现实，墨子开始在各地讲学，极力反对各诸侯国的兼并战争，慢慢

形成了自己的思想体系，并创建了墨家学派。

墨家学派是一个有着严密的组织和纪律的学派，最高领袖叫"钜子"，成员叫"墨者"，所有墨者必须无条件服从钜子的领导。墨者大多跟墨子一样是有知识的劳动者，他们以维护公理和伸张道义为己任。

墨家学派的主张主要有以下五点：

兼爱非攻：消除君臣、父子、贵贱的区别，平等地去爱所有的人；不要有任何侵略战争，维持天下和平。

尚同尚贤：百姓与天子皆上同于天志，上下一心，实

行义政；任人不要唯亲要唯贤。

天志明鬼：天兼爱天下百姓，故对君主有所约束，君主如果违背天意就会受到天的惩罚。

节用节葬：推崇节约，反对铺张浪费，尤其反对儒家的厚葬之俗。

非乐非命：认为音乐会影响人们正常的生产生活，所以反对音乐；否定儒家的"天命"，认为人的命运由自己的努力决定。

除了这种博爱的思想，墨子还有很多关于科学技术的发现。墨子探究了物体加速运动的原因，详细地说明了小孔成像的原理，并引导人们从诸多领域去认知世界，这种注重实践、不断寻求真知的精神是值得后人学习的。

四、孟子

孟子（约前372—前289年），名轲，字子舆，战国时期邹国（今山东省邹城市）人，是继孔子之后儒家学派的又一重要代表人物，被后世尊为"亚圣"。

孟子生平与孔子相似，他也是贵族后裔，幼年丧父，在母亲的教育下成长，这段经历还为后人留下了"孟母三迁"的典故。成年之后，孟子四处求学，周游列国，著书立说，吸引了很多追随者。

孟子非常推崇孔子，司马迁在《史记》中记载，孟子曾经跟随孔子嫡孙孔伋的弟子学习过儒家思想。孟子不仅继承了孔子的仁政学说，还立志将儒家的治国思想推行于天下，为此他率领弟子周游列国。孟子去过齐国、宋国、滕国、魏国、鲁国等，只是当时各诸侯都忙着变法富国和"合纵连横"的攻伐，没有人愿意接受孟子的主张。

六十多岁时，孟子回到邹国故土，开始教书育人并与弟子一起整理《诗经》《尚书》，总结儒家思想，最后还与弟子共同编纂了《孟子》一书。

孟子在孔子思想的基础上提出了"民贵君轻"的思想。他对以往各国的兴亡进行了总结，发现国家的兴亡取决于民心的向背，于是提出了具有划时代意义的著名命题——"民为贵，社稷次之，君为轻"。

孟子认为君主要先爱护人民，如果君主无道，人民可以推翻他。他建议统治者推行仁政，实行宽刑薄税，只有这样才能得到人民的拥护，统治才能长久；如果统治者推行暴政，必将失去民心，最终会被人民推翻。

在人性方面，孟子提出了性善论，认为人要用"仁""义""礼""智"来规范自己的行为。他认为人生来就具备仁、义、礼、智的美好品德，并且应通过内省保持和扩充这些品德，否则就会丧失。

在价值观方面，孟子提倡舍生取义。他说："生，亦我所欲也；义，亦我所欲也。二者不可得兼，舍生而取义者也。"孟子的这种大义激励着一代又一代中华儿女，让整个社会充满了浩然正气。

在教育方面，孟子继承和发扬了孔子的"有教无类""因材施教"等教育思想。他认为想要推行仁政，必须对人民进行教育，统治者还要以身作则，通过自身的行动去教化人民。

不仅孟子是儒家重要的代表人物，他的著作《孟子》也是儒家的经典著作。

五、庄 子

庄子（约前369—前286年），名周，字子休，道家学派代表人物，后世将他跟老子并称为"老庄"，代表作有《逍遥游》《齐物论》《养生主》等，全部收录在《庄子》一书中。

庄子出生于战国时期的宋国。庄子才华横溢，仅在宋国很小的地方做过管理漆园的小吏。他一生清贫，有时连饭都吃不饱，但他从不为五斗米而折腰，楚威王曾让人去聘请庄子为相，但庄子拒绝了。庄子辞去漆园吏职后，开始南游诸国。庄子思想深邃，见识独到，平时谈得来的朋友不多，惠子就是其中之一。庄子与惠子两人都好思辨，其中最著名的就是"濠梁之辩"。一天，庄子和惠子在濠水的桥上游玩。庄子看到水里的游鱼说鱼很快乐，惠子却说，你又不是鱼，哪里知道鱼的快乐？庄子反问道，你又不是我，哪里知道我不知道鱼的快乐？于是惠子说，我不是你，所以不知道你，而你也不是鱼，所以也不知道鱼的快乐。庄子说，回到我们最开始的话题，你说我哪里知道鱼的快乐，就已经是知道了我知道鱼的快乐才问我的，我是在桥上知道的。

虽然庄子和惠子经常"抬杠"，但是二人关系比较好。惠子死后，庄子在一篇文章中说自己再也没有了对手，没有了争辩的对象，从这里可以看出庄子跟惠子的友谊。

庄子晚年时独居故园，教书育人，著书立说。庄子病重时，弟子们商议要厚葬，他坚决反对，后来，庄子因病辞世。

庄子继承和发展了老子的道家学说，"道"是庄子哲学的基本概念，他主张的"道"是天道，是效法自然的"道"，庄子主张顺应"天道"，摒弃"人为"。不过庄子的"道"是以人为核心，是人生要达到的最高境界。人生的最高境界不在于生理的满足，也不在于家庭的自我实现或社会的自我完成，而在于体现宇宙自我的理想。人只有摒弃世俗的价值，才能超越现实世界，获得无限的自由和内心的宁静。

庄子提倡无用，认为大无用就是大有作为，比如一棵树因为无用才躲过被砍伐，最终得以"寿终正寝"。

庄子反对儒家、墨家推崇圣贤，主张"绝圣弃知"；反对儒家的等级观念，认为"物无贵贱"，提倡万物平等。

庄子的思想主要集中在《庄子》一书中，《庄子》是中华民族的瑰宝，其深刻的思想和高超的文学水平对后世哲学、艺术、宗教等都产生了深远的影响。

六、荀　子

荀子（约前313—前238年），名况，战国末期赵国人，思想家、教育家，儒家学派代表人物之一，著作有《荀子》。

荀子跟孔子、孟子一样到处游学，就连秦国也去过，他对秦国的政治予以肯定，对秦国重视刑法吏治、轻视仁德士君子的治国方式进行了批判。荀子还去过齐国，因学识渊博，三次担任稷下学宫（战国时期的高等学府）的祭酒（相当于校长）。荀子还去过楚国，并深受楚国的春申君尊敬，让他担任兰陵令。晚年时，荀子蛰居在兰陵教书育人、著书立说。

荀子对春秋战国各家学说都有批判，唯独对孔子的儒家思想非常推崇，认为其是治国"良方"，但他不是毫无保留地继承儒家思想，而是批判地继承并发扬它。

荀子主张在"隆礼"的同时，还要"重法"，认为只有"礼法并施",才能很好地治理国家。荀子认为人性喜欢逐利,通过"礼"可以限制人的利欲,如果"礼"限制不住,就要用"法"来强制性限制。

不过,荀子主张礼高于法,礼是立法的根本。一个国家如果只讲法治,不讲礼治,严酷的刑罚会让百姓奋起反抗,最终国家会灭亡;如果以礼义为根本,再辅以法治,则"王者之事毕矣"。

在人性上,荀子的观点恰好跟孟子的相反,他提出了"性恶论"。荀子认为人性本恶,如果后天对人进行礼乐教化,人则可向善,强调后天教育的重要性。荀子认为人刚生下来时是一样的,因为后天的努力不同,有的成了圣人,有的成了普通人。荀子认为"圣人者,人之所积而致也",只要努力学习,人人都可成为圣人。

关于学习,荀子指出"学"的重要性,提倡边学边检查、反省自己,认为只有这样才能"知明而行无过"。荀子还认为学习要联系实际,要学以致用,要坚持不懈。此外,荀子还强调了老师的重要作用和地位,认为教师要以身作则，给学生做出榜样，这样学生才能躬行实践。

荀子反对迷信鬼神，他认为"天道有常，不为尧存，不为桀亡"，自然规律是不以人的意志为转移的，与其迷信天的权威，不如利用自然规律为人服务，他还强调人定胜天。荀子在当时科技极其落后的情况下，提出这种朴素的唯物主义观点是非常难得的，他的思想影响了后世很多人。

荀子还整理了《诗经》《尚书》《礼》《乐》《易》《春秋》等儒家典籍，还跟弟子编纂了《荀子》一书，为传播儒家思想作出了巨大贡献。

七、邹 衍

邹衍（约前305—前240年），亦作驺衍，战
国时期思想家，阴阳家代表人物。他的主要理论包
括五行说、"五德终始说"和"大九州说"，这些思
想主张集中在其所著的《邹子》一书中。

邹衍出生于齐国，曾担任齐国官学稷下学宫的学
官，在此期间潜心研究学问，提出了"五行生
胜"理论。邹衍本人及他的学说受到齐国国君的重视，被
赐为上大夫。到齐湣王时，统治者刚愎自用、穷兵黩武，
频繁对外征伐而不听谏言，这导致了齐国的衰落，不少贤
士都离开了齐国，邹衍也是其中之一。

当时，燕昭王招贤纳士，邹衍就去了燕国。燕昭王亲
自迎接邹衍，拜他为师。燕昭王死后，继位的燕惠王不信
任邹衍，当时齐、燕两国关系紧张，邹衍齐人的身份也显
得尴尬，有人借机诬陷，他被逮捕入狱。邹衍出狱后，返

回齐国，在稷下学宫担任学官。晚年时，邹衍还曾在赵国拜见平原君，并以其卓越的辩才和渊博的知识驳倒了善于辩论坚白理论的公孙龙，赢得了平原君的尊重。

邹衍继承了古代阴阳五行说，创造了一套完整的学说体系，这一体系被收录在其著作中。邹衍最伟大的思想成就是提出了"五德终始说"和"大九州说"。

五行学说，本质就是将日常生活的五种物质：金、木、水、火、土作为构成宇宙万物及各种自然现象变化的基础。五德终始说则是从五行学说中发展而来的，它将五行——金、木、水、火、土归为五种德行，认为这五种德行是周而复始、循环往复的。邹衍用这个学说来解释历史变迁、王朝兴衰的重大事件，这一学说对于后世历朝历代都有不同程度的影响。

大九州学说则是一种朴素的自然认知，邹衍认为古籍《禹贡》中所记载的中华九州是整个世界的一部分，在中华九州之外，还有一个大的九州与之相对应，地球只是整个宇宙的一部分。

邹衍是战国时期不可多得的思想家之一，他的思想不仅为阴阳学说奠定了理论基础，更是将五行说应用到了社会变动和王朝兴替上，对当时和后世的政治家和学者产生了深远影响。

八、韩　非

韩非（约前 280—前 233 年），战国末期思想家，出身于韩国贵族，法家主要代表人物，著有《孤愤》《五蠹》《说难》等文章，以及著作《韩非子》。

韩非是战国末期韩国的贵族，他看到韩国积贫积弱，备受邻国欺凌，便博览群书，意图从中寻找救国之策，学有所成后，就积极向韩王献上富国强兵之策。可惜，他的主张没被当时的韩王采纳，悲愤之下只能通过著书立说来阐述自己的观点，写出了《孤愤》《五蠹》等文章。

韩非的文章传到秦国后，被秦王嬴政看到，嬴政看完非常欣赏，就想请韩非到秦国一叙。前 235 年，秦王派兵攻打韩国，危急关头，韩王派韩非出使秦国。

韩非入秦后，曾两次向秦王进谏，建议秦王先伐赵国，晚一些再伐韩国。但丞相李斯极力主张先攻韩国，他对韩非不满。韩非为了维护韩国，还与上卿姚贾交恶。李斯联合姚贾诋毁韩非只替韩国效命，不会给秦国效力。秦王觉得他们说得对，将韩非下狱，韩非最终死于秦国牢狱中。

其实法家思想的雏形早在夏商时就已经诞生，经过管仲、子产、吴起、商鞅、慎到、申不害等人的发展逐渐成为一个学派。韩非对前人的学说进行汇总、融合，最终成为法家集大成者。

韩非认为历史是不断进步发展的，不能总用过去老旧的政策来治理国家，要根据实际情况制定新的政策。他认为造成当时诸侯争霸的局面的原因是天子太弱，诸侯太强，想要改变这一局面就需要建立君主集权的封建国家，为了保证君主的权力不受侵犯，还需要改革图治、变法图强。

韩非将商鞅的"法"、申不害的"术"和慎到的"势"融为一体，形成了以法为中心，法、术、势相结合的政治思想体系。韩非认为一个国家要有健全的法制，君主要有

驾驭群臣、推行法令的能力，这样才能防止有人犯上作乱，维护统治的稳定。

韩非认为"法"要具有公正性，只有"法不阿贵""刑过不避大臣""赏善不遗匹夫"，真正做到法律面前人人平等，才能维护法律尊严，才能发挥法律的巨大作用。

虽然韩非生前没能实现自己的理想抱负，但其法家思想、学说却为秦始皇嬴政所用，成为中国两千多年封建君主专制制度的理论依据之一。他以法为中心，将法、术、势相结合的思想为后代依法治国提供了理论依据。

第三章

秦汉时期
思想家

一、贾 谊

贾谊（前 200—前 168 年），洛阳（今河南省洛阳市）人，西汉初期著名政治家、思想家、文学家。贾谊少有才名，是西汉著名的大儒，代表作有《过秦论》《论积贮疏》等。

贾谊自幼才华横溢，早年师从荀况的学生张苍。河南郡守吴公得知贾谊有才能，将他召至门下协助治理政务。在贾谊的帮助下，吴公将河南郡治理得井井有条，政绩显赫，被誉为天下第一。

由于吴公政绩卓著，汉文帝擢升其为廷尉，吴公向汉文帝举荐贾谊。汉文帝召他入朝，任命他为博士。彼时，贾谊刚刚二十一岁，是朝中最年轻的博士。在朝任职期间，贾谊对文帝的问题常常应答如流，见解深刻，展现出非凡的政治智慧，迅速赢得了汉文帝的欣赏和同僚的赞许。汉文帝破格提拔贾谊为太中大夫。升任太中大夫后，贾谊立即着手为汉文帝献策，提出了一整套改革礼制的方案。

贾谊主张通过施行仁义治国，以此实现国家的长治久安。他认为，秦朝的灭亡源于"仁义不施"，所以汉朝必须依靠施仁政来巩固民心，这样才能确保社会的稳定与繁荣。同时，贾谊认为社会的礼仪制度应当明确尊卑，以礼治国，这样才能实现仁与礼结合的政治统治模式。

贾谊力图打破道家和黄老思想对政治的束缚，推动儒学在政治舞台上的应用，展现出仁与礼兼容并蓄的治国策略。他的思想蕴含着浓厚的民本主义色彩，他明确指出国家的命运取决于民众的态度和支持，统治者必须爱护百姓，与之共享利益，才能赢得忠诚和拥护。这种思想对解决汉初的社会问题十分有益。

贾谊基于儒学，用敏锐的洞察力提出了包括调整政治制度、加强对贵族和诸侯的制衡、抑制社会的奢靡之风等在内的改革建议，避免了汉朝陷入不稳的局面。

不过，汉文帝对贾谊的重

用，引起了一些朝中重臣的妒忌，他们进言诽谤贾谊。汉文帝逐渐疏远贾谊，不再采纳他的意见。前 176 年，贾谊被外放到长沙，担任长沙王的太傅，谪居三年后，贾谊才被召回长安。汉文帝任命他为梁怀王的太傅，可惜梁怀王坠马身亡，贾谊陷入深深自责，长期沉浸在愧疚与忧伤中，最终郁郁而终，年仅三十三岁。

尽管贾谊的一生相当短暂，但他在儒学和文学方面的贡献不可忽视，其深刻的思想和文学成就对西汉政治和文化发展产生了深远的影响。贾谊的代表作《过秦论》《论积贮疏》等，逻辑缜密、文风气势磅礴，为汉代政论散文树立了高标准。此外，他的辞赋作品如《吊屈原赋》《鹏鸟赋》，也奠定了汉代骚体赋的基础。

二、刘 安

刘安（前 179—前 122 年），淮南国寿春（今安徽省寿县）人，西汉文学家、思想家。刘安好读书鼓琴、神仙方术，曾尝试使用热气球升空，他招集宾客编写了《淮南子》一书。

刘安是汉高祖刘邦的孙子，淮南王刘长的儿子。汉文帝八年（前 172 年），刘安被封为阜陵侯。文帝十六年（前 164 年），刘安被封为淮南王。

刘安爱贤若渴、礼贤下士，招集了方术之士和学者数千人，使当时的淮南国国都寿春成为文人汇聚的文化中心。刘安组织众人共同编写了《鸿烈》，又称《淮南鸿烈》，也就是流传至今的《淮南子》。

《淮南子》内容广泛，涉及政治、哲学、史学、文学、经济、天文、地理、农业、医学等方面。刘安因此书而闻名，受世人重视。不过在汉武帝时期的削藩内乱中，刘安因反叛而自杀，淮南国也因此被废除。

刘安的思想以道家为主，兼容法家、儒家、阴阳家等其他学派。他强调谦虚退让、修身齐家、洞察事物本质等，并且认为国君只有具备高尚品德和修养，才能治国平天下，这些思想体现了《道德经》的朴素辩证法和他的人生哲学。

刘安主张治国要"无为而治"，对道家思想加以改进，不循先法，不守旧章，遵循自然规律。他制定了一系列轻刑薄赋、鼓励生产的政策，善用人才，体恤百姓，使淮南国出现了国泰民安的景象。

刘安以道家的天道观为出发点，提出了"元气论"，并在此基础上推演出宇宙生成理论，这为道家思想理解世界提供了新的视角。

刘安的思想中体现了对诸子百家的兼收并蓄，除了道家，刘安还兼具法家思想、儒家思想和兵家思想。刘安认为社会是变迁的，政府律令和国家制度需要根据社会的变迁而改变，提倡"先王之令，不宜则废之"的观点，这与先秦法家思想是一脉相承的。

刘安认为人性本善，但善良的本性需要与社会教化相结合，因此，统治者推行仁政是一种正确的选择。他提出"仁者"应该"爱人"，并首创"人类""人道"的观点，这是对先秦儒家思想的总结和发展。

除此之外，刘安对于农家、阴阳家、医家等思想也有涉猎。因此，后世学者将刘安定义为杂家，这个称呼也更加准确。

三、董仲舒

　　董仲舒（前179—前104年），西汉广川（今河北省景县）人。他学识渊博，被汉景帝授予博士一职，著有《春秋繁露》《董子文集》。

　　董仲舒从小就爱读书，且家里有很多藏书。他在三十岁时，广招学生授课，讲解儒家经典。因董仲舒弟子众多，声誉日益扩大，汉景帝选他为博士，讲授经学。他因学识渊博、遵循礼节，成了当时许多读书人的榜样。

　　汉武帝继位后，让各地推荐贤良之士，董仲舒被举荐。汉武帝策问董仲舒，他以儒家思想为核心，以阴阳五行说为辅助，提出了著名的"天人三策"，深得汉武帝的赞赏。

　　之后，汉武帝将董仲舒派到江都易王刘非的身边，让他当易王的国相。易王想让董仲舒辅助自己篡夺皇位，但董仲舒主张"大一统"，借古喻今对易王进行了一番劝诫。

前135年，长陵、辽东高庙发生了大火，董仲舒起草了一份奏章，以两次火灾说明上天已经对汉武帝发怒。董仲舒的奏章还没上，主父偃到他家做客，看见奏章，就把奏章草稿偷走，交给了汉武帝。汉武帝看后大怒，决定将董仲舒斩首，后又下诏赦免，但罢免了他江都王相之职。从此，董仲舒又开始从事收徒教学的活动。

前125年，董仲舒被推荐去做胶西王刘端的国相。胶西王为人残暴，董仲舒担心自己无端被杀，当了四年国相后就找借口辞官回家了。此后，董仲舒不再当官，只埋头读书、著书。虽然董仲舒辞官回家，但他依然关心朝廷大事，有人来问他朝政，他必定知无不言、言无不尽，甚至临终前还给汉武帝写奏章。

董仲舒的思想成就主要包括"天人合一""天人感应""大一统""三纲五常""以德治国"等。他认为天是世界万物的创造者，是宇宙的最高主宰，人君受命于天，代表天治理人间，所以人君在人间有绝对的权威，所有

董仲舒

臣民都要服从人君。不过人君的权力也不是无限的，天会通过一些天象对人君进行警示。通过"天人合一"，董仲舒将皇权提到了空前的高度，却又通过"天人感应"对皇权进行了制约。

"七国之乱"让西汉面临分裂险境，董仲舒从《公羊传》中找到"大一统"的理论。他说"大一统"是宇宙的普遍法则，国家要"大一统"，思想就要"大一统"，应该统一于儒家。汉武帝采纳了董仲舒的大一统建议，并实施了他提出的"罢黜百家，独尊儒术"政策。

董仲舒根据儒家君臣、父子的伦理纲常，仁义道德等，提出了一套维护封建等级制度的"三纲五常"。"三纲"是指"君为臣纲，父为子纲，夫为妻纲"，要求为臣、为子、为妻的必须绝对服从于君、父、夫，同时也要求君、父、夫为臣、子、妻做出表率。"五常"即仁、义、礼、智、信，是调整、规范君臣、父子、兄弟、夫妇、朋友等人伦关系的行为准则。董仲舒提出的"三纲五常"是围绕维护和巩固封建君主统治展开的，在当时对巩固中央集权专制制度有一定的积极作用，但是从本质上看，它是封建统治阶级用来控制人们的思想武器。

四、扬　雄

　　扬雄（前53—18年），字子云，蜀郡成都（今四川省成都市）人，西汉末年哲学家、文学家和思想家，著作有《法言》《新编诸子集成：太玄集注》等。

　　扬雄自幼好学，博览群书，善辞赋。当时名士严君平隐居平乐山（又称横山），开办了"横山读书台"，平日里一边教学，一边整理著作。扬雄上山拜严君平为师，跟随他学习。学成后，扬雄开始漫游生活，并且来到京城长安，在老乡杨庄的引荐下，汉成帝命他随侍左右。扬雄在长安期间，创作了《甘泉赋》《羽猎赋》《长杨赋》等，劝谏成帝"辍观游，弘仁惠"。他的劝谏都失败了，这彻底改变了扬雄对辞赋的看法，认为辞赋不过是雕虫小技，对于改变社会现状没有益处，转而主要思考现实问题和研究哲学，专心著述。

　　公元9年，王莽自立为帝，改国号为新。扬雄向王莽上书劝他吸取秦朝暴政的教训，开创新政，惠泽于民。王莽推行了田制、币制、官制等一系列改革，试图建立一套符合儒家治国理念的制度，但在实施中与现实脱节。

更始将军甄丰之子甄寻想娶王莽的女儿，错以为王莽相信符命之说，于是在符命上做文章"故汉氏平帝后黄皇室主为寻之妻"。王莽得知后，下令通缉甄寻，并追究他的党羽的罪责。国师刘歆的儿子刘棻、刘泳等人是甄寻的好友，被抓捕入狱。扬雄是刘棻的老师，他也受到牵连，险些丧命。后来，王莽下诏命扬雄为中散大夫，但他已经无心追逐权位，一心著述。

扬雄的思想是儒家思想的继承和发展。他认为"经莫大于《易》"，故作《太玄》；"传莫大于《论语》"，故作《法言》。他认为社会出现乱象是因为人们抛弃了正统儒学的思想，无论是"装神弄鬼"的神学，还是"皓首穷经"的经学，都是离经叛道，社会要回到正轨，要恢复孔子时代的正统儒学。

扬雄撰《太玄》，将老子提出的"玄"作为最高范畴，

在此基础上构筑了宇宙，而他以玄为中心，试图解释事物的发展规律，可以说又继承了汉代道家思想的部分元素。

扬雄认为管理好国家的根本在于提高皇帝的修养，各级官员管理地方的关键是要"审民思怿"，即体察老百姓最期盼什么、最厌恶什么。这体现了以孟子思想为代表的儒学"宽仁""以民为本"的政治主张。

扬雄还提出了人性善恶混合论，即认为人性是善和恶的混合体，他的观点综合了孟子和荀子二人的观点，并在此基础上提出了以儒家修身的方式进行扬善抑恶。

扬雄推崇儒家，强调人主观的重要性，反对法家的严刑峻法和道家的无为而治，并试图以个人的设想去解释社会，这种探索对当时和后世都产生了很大的影响。

五、王 充

王充（27—约 97 年），字仲任，会稽上虞（今
浙江省绍兴市）人，东汉思想家。他的代表作《论
衡》是中国历史上一部重要的思想著作。

王充自小聪慧好学，博览群书。后来，他入太学
学习，拜班彪为师。二十一岁时，他任上虞县
功曹掾，后又任其他小官，不过因为其政治主张跟上级不
合而被罢官，回家后他创作了《讥俗节义》十二篇，以及
《政务》。

王充为人不贪富贵，不慕高官，于三十二岁时回到家
乡，开始教授学生、读书著书，写下二十多万字的《论
衡》。晚年时，汉章帝派人来请他，他因病没有接受征召，
后来卒于家中。

王充是我国古代杰出的思想家，其思想的核心是"元
气自然论"。王充认为"元气"是世界的本原，是事物运

动的原动力，元气生万物，包括人也是天地"元气"运动产生的。王充认为万物之所以不同，是因为禀受元气的厚薄粗精不同；人之所以比其他物体高贵，是因为所受的"元气"较厚渥。

王充反对董仲舒的天有意识地创造人类、创造万物的说法，他认为一切事物的产生都是自然而然发生的，一切事物的变化都是客观的、必然的，根本没有什么天降祥瑞与灾异之说。

王充认为人死则精气消，人的精气形成人的血脉，人死后血脉就会枯竭，精气就会荡然无存，人的形体就会化成灰烬，怎么可能变成鬼，更不可能影响到现实中的人。王充认为人并非生而知之，不过人有认知能力，可以通过后天的学习获得知识，从而扩大自己的认知范围，不过因为条件所限，人的认知能力也是有限的，不可能认知一切事物。

王充反对儒家的"是古非今"，他认为人类是不断向前发展的，肯定会"今胜于古"。他还将人性分为善、无善无恶、恶三等，认为人性可以通过后天的学习得以改善。

　　王充的思想在当时非常先进，但因为时代的局限，他提出了"命定论"，认为一切皆有"命"定，人在命运面前只能听任摆布。

　　王充在中国思想史上占有重要地位。他的朴素唯物主义思想体系为中国古代唯物主义思想的发展奠定了基础，对后世产生了深远的影响。

六、王　符

王符（约85—162年），字节信，安定临泾（今甘肃省镇原县）人，东汉思想家、文学家。他的著作《潜夫论》涉及政治、经济、法律、思想、教育等诸多领域，堪称当时的"小百科全书"。

王符生活在东汉中后期，当时外戚宦官专权，朝政腐败，耿直的王符因不阿权贵，仕途受阻，于是愤而隐居。王符跟别的隐士不同，他虽隐居乡里，却关心时政，心系天下苍生，在乡野也经常评讥时政，针对一些社会现象提出自己的见解。

王符在《潜夫论》中主要讨论了重学务本、重德尚贤、重法明刑、重民救边等方面的内容。《潜夫论》开篇就是《赞学》，可见王符对"学"的重视，他认为人不会生下来就什么都知道，只有通过不断学习才能获得知识，才能成为圣人。

王符认为国家要"以富民为本，以正学为基"。国君
只有重视人民的教育，人民才能走上正道，国家才能富强
起来。王符还指出，官员的政绩考核、人才的举荐、边关
的治理等都要务本抑末。

王符崇尚德行道义，他主张
任人唯贤，针对东汉当时重用外
戚、宦官的现象，进行了猛烈
的抨击。他反对任人唯亲，反对
以世族门第取人，认为只有各级
官员都重视起来，并做到礼贤下
士，才能得到贤能之人。

王符主张用"德化"治理
国家，但面对当时的社会现状，
王符发现仅依靠德治是不行的，

还要"兼秉威德"，他吸收了商鞅、韩非等人的法家思想，
提出要重法明刑。这跟以往的儒家思想相比，无疑是进步
的、积极的。王符认为，法令是君王治理国家的重要手
段，君王要做到令行禁止。

王符继承发扬了先秦时期的民本思想，提出了"富
民为本"。王符主张君主要重民、爱民、利民、养民，还
要富民。怎样才能富民？他主张要以农桑、致用、通货为

本，以游业、巧饰、鬻奇为末，要抑末务本，这样人民就会富裕，国家就会兴盛。

王符生活的时期经常发生羌乱，为此他就边关问题进行了论述。王符认为羌乱是一个非常严重的问题，统治者一定要处理好，不能"弃边"，要积极"救边""实边"，只有边关无患，国家才能安宁。

王符虽无官职，却不忘关心民众，面对社会弊端，敢于批判，这种以民为本、心系天下苍生的高尚情怀，彰显了儒者的胸怀，令人敬佩。

第四章

魏晋南北朝及隋唐思想家

一、阮籍

阮籍（210—263 年），字嗣宗，三国陈留尉氏（今河南省开封市）人，三国时期魏国文学家、思想家，"竹林七贤"之一，著有《阮籍集》。

阮籍的父亲阮瑀是东汉著名文学大家，建安七子之一，曾受学于蔡邕，很受时人推崇。曹操请阮瑀做司空军谋祭酒官，随军南征北战。阮籍三岁时，阮瑀去世，家境日渐清苦。

阮籍天赋异禀，八岁便能写文章，后来喜爱儒家诗书，并且以道德高尚、乐天安贫的古代贤者为榜样，希望有朝一日也能像古代圣贤那样救济世人。阮籍曾登广武城，看到曾经的楚、汉战场，慨叹"时无英雄，使竖子成名"，可见他的济世之志。

阮籍在政治上倾向于曹魏，对司马氏心怀不满，但又感到世事已不可为，于是采取明哲保身的态度，开始尊崇

"自然无为"的老庄学派，进而转向玄学。

对于"名教"跟"自然"的关系，阮籍的观点与同时期的嵇康一样，主张"自然"、排斥"名教"。不过，阮籍跟嵇康排斥的是司马氏提倡的虚伪的名教。他在《乐论》中充分肯定了孔子提出的礼乐对"移风易俗"作用，认为"礼乐正而天下平"。

阮籍希望能建立一个天人和谐，"刑教一体，礼乐外内"的社会，但是看到朝堂腐败，民不聊生，司马氏对士人的迫害后，转而提出"无君论"。他希望能建立道家所说的那个"无为""无君"的社会，那是没有斗争，没有道德约束，没有君臣的"自然"社会。虽然这个想法在当时的历史条件下根本不可能实现，但这种思想超越了时代，具有进步意义。

竹林时期是魏晋玄学由老庄之说发展到庄学的转折期，阮籍撰写的《达庄论》《大人先生传》推动了庄学的发展，让魏晋玄学形成了易、老、庄三玄鼎立的局面。在阮籍之前，庄子的思想只是"任自然"，只能让人任性发

泄，但是经过阮籍的阐述，庄子的思想成为士人解脱人生苦恼的精神力量。

阮籍不仅是竹林玄学思想体系的主要构建者，也是竹林玄学生活方式的践行者，他旷达的行为、率真直行的方式成为一种精神符号。

二、嵇　康

嵇康（223—262 年），字叔夜，谯郡铚县（今安徽省宿州市）人，三国时期魏国文学家、思想家，"竹林七贤"之一，著有《嵇康集》。

嵇康生于士族之家，祖先是东吴会稽士族，本姓奚，后为避祸举家迁至谯郡铚县，改姓嵇。嵇康的父亲嵇昭官至治书侍御史。他幼年丧父，跟随母亲和兄长长大成人。

嵇康从小就聪颖过人，喜欢读书，成年后喜爱老庄学说。后来他迎娶了曹魏的宗室女长乐亭主，因此被授予郎中，后又任中散大夫。司马氏掌权后，嵇康隐居不仕。司马昭想聘请他来做自己的幕宾，嵇康却跑到河东郡躲了起来，后来又被举荐，但他坚决不出仕。他的态度引起了司马昭的忌恨。后来，他又因出面为蒙冤的大臣吕安作证触怒了司马昭，加上遭到钟会的陷害，最终他被司马昭处死了。

嵇康的思想受老庄道家的影响，他崇尚自然，反对名教对人性的束缚，提出了"越名教而任自然"的学说。

"名教"一词出现于魏晋时期，是指以孔子的"正名"思想为主要内容的封建礼教。司马炎篡位后，为维护自己的统治宣布要以忠孝治天下，因此大肆宣扬纲常伦理道德，但他的篡位本身就违反了儒家的纲常，所以他的主张是虚伪的。嵇康反对的也是司马氏这虚假的名教。

嵇康认为虚假的名教违背了自然天道，是统治阶级用来束缚人心的，所以要抛弃。他主张清静无为、无私无欲，从而超越世俗的名教，顺应自然。他说君子如果不在乎世俗的是非观，其行为就不会违背自然大道。为什么这么说呢？嵇康认为心平气和，就不自矜；心胸豁达，就不会为情所困；心里没有顾虑，就不会为世俗的名教所束缚，就能随心所欲，也就无所谓是非了。

此外，嵇康还受王充思想的影响，主张元气自然论。

他认为，人禀受天地之间的元气而生，因为禀受的元气有多有少，所以会有聪明和愚昧之分。他认为长生不老的神仙是存在的，人如果修炼、保养得当，也能活上千年。他认为人只要少私寡欲、形神兼养、知足常乐、顺心自然，同时辅以药物导养，就能延年益寿。

嵇康"越名教而任自然"的玄学思想，不仅拓展了魏晋玄学的领域，还让人认识到虚伪名教对人的束缚，这对放任个人自由有重大意义。同时，他坚贞不屈，为理想而献身的精神鼓舞了后世之人。

三、王 弼

王弼（226—249年），字辅嗣，三国时期山阳（今河南省焦作市）人，玄学家，"贵无论"的创始人，著有《老子指略》《周易略例》《老子注》等。

王弼出身于东汉官僚世家，曾外祖父是长期统治荆州的汉室宗亲刘表，继祖父是建安七子之一的王璨，王家的家学家风对王弼有很大的影响。

王弼天资聪慧，喜欢老子之学，十多岁时就闻名天下，就连当时的吏部尚书何晏都对他称赞不已。王弼不擅长处理人情世俗，他喜欢用自己的长处去嘲笑别人，这让很多人都厌恶他。

何晏想在朝廷任用王弼，丁谧却向曹爽推荐王黎。曹爽起用王黎，后来补王弼任台郎。王弼上任后，与曹爽见面，曹爽屏退左右，准备相谈。曹爽知道王弼是个有才华的人，王弼却大谈玄学理论，曹爽不感兴趣，根本听不进去。后来曹爽被杀，司马氏专政，王弼受到牵连丢了官职。之后不久，王弼染病去世。

王弼提出了"贵无论"，核心是以"无"为贵。《道德经》中有句"天下万物生于有，有生于无"，王弼注解说："天下之物，皆以有为生，有之所始，以无为本。将欲全有，必反于无也。"在王弼看来，"无"是"有"的源头，是"有"得以存在的根本。

王弼将《道德经》的"道"解释为"无"，并将《道德经》的"有""无"阐释为万物生长、发展的原因，这是对《道德经》思想的深化，有着重要的意义。

王弼认为"本"是"无"或"道"，"末"是"有"，于是"本"和"末"之间的关系就是"无"和"有"之间的关系，并用母子之间的关系来比喻"本""末"之间的生成关系，即"无"生"有"，世间万物都生于"无"，也就是"道"。

王弼认为《道德经》虽然说了很多道理，但是从始至终其实都在讲"崇本息末",学习《道德经》应把握老子的根本思想,而不是去研究个别文字,否则就会越来越困惑。

对于"名教"和"自然"的关系,王弼提出了"名教本于自然"的观点,他并没有完全否定名教。他认为名教产生是必然的,且并不完全有害,对于名教的弊端,可以采用"崇本息末"的方法加以治理。

虽然王弼的一生很短暂,但他的成就斐然,不仅注解了《道德经》,还创造性地用老子的思想去注解《周易》,从而开创了"正始玄风",为魏晋玄学指明了方向。

四、郭　象

郭象（252—312年），字子玄，洛阳（今河南省洛阳市）人，西晋玄学家。他主张"独化论"，著有《庄子注》。

郭象年少有才，早年曾任黄门侍郎、太傅主簿等，与当时执掌中央权柄的太尉王衍交好。王衍十分欣赏郭象的学识和口才，常常在别人面前夸奖郭象："听郭象说话，就好像一条倒悬起来的河流，滔滔不绝地往下灌注，永远没有枯竭的时候。"郭象虽然热衷追求权势，却又喜好老庄之学，并且对他们的学说有深刻独到的理解。

郭象时期的玄学与正始玄学有很大的不同，但关于"名教"与"自然"的关系依然是玄学家争论的焦点，很多玄学讨论都是围绕这个问题展开的。

对于"名教"与"自然"的问题，郭象既不认为名教就是自然，也不想越名教而任自然，而想竭力寻找一种合乎自然的名教或合乎名教的自然，想将名教和自然统一起来。郭象认为儒教提倡的仁义等道德规范合乎人的自然本性，所以儒教就是名教。

郭象认为万事万物都有其个性，高低贵贱都是"天理自然"，儒家的"君君臣臣"也是天理自然，只要人们都安分守己，名教的秩序也就自然安定了，所以名教就是自然，自然就是名教，从而构成了本即是末，末即是本，本末一体的"独化论"。

独化论的一个重要观点是万物都是自生自灭、独立自足的，不存在超越万物的造物主或本体。他强调"独化于玄冥之境"，即万物的生成和变化都是自然而然的，不需要外力的推动。郭象认为每种事物都有其独特的存在价值和意义，它们之间虽然相互联系、相互作用，但各自都是独立自足的个体，万物的生成和变化都是基于自身的内在属性和规律发生的。

郭象的独化论并非孤立地看待每个事物，而是强调事物之间的相互依存和相互作用。他认为万物虽然各自独立自足，但彼此之间存在着"相因相资"的关系。这种关系不是因果关系，也不是目的关系，而是一种自然的相互依存和相互作用的关系。万物通过这种关系形成一个和谐有序的整体。

郭象的思想被认为是中国哲学体用的本体论，他的玄学思想是魏晋玄学的巅峰。他的思想不仅在当时受到广泛关注，也对后世哲学发展产生了重要影响。

五、慧 远

慧远（334—416 年），本姓贾，雁门楼烦（今山西省原平市）人，东晋僧人、佛教学者，著有《法性论》《沙门不敬王者论》《庐山记》等。

慧远从小就喜欢读书，十三岁时曾跟舅父在许昌、洛阳一带游学。

慧远生活在两晋变乱的动荡时期，他本想远渡江东隐居，却因为战乱受阻。在逃亡途中，他看到了战争给人民带来的痛苦，也看到了生命的脆弱，内心难以释怀。当时，道安法师在恒山一带宣传佛法，他和家人聆听道安法师讲《般若经》，豁然开悟，于是剃发出家。

成为僧人后，慧远夜以继日地钻研佛法，他"常欲总摄纲维，以大法为己任"。他聪慧过人，加上刻苦学习，仅三年就能讲解《般若经》。对于民众不懂的佛经，他就用浅显的道理加以解释。有一次，有人不懂佛经中的般若实相，他就用老庄之学来讲解，那人很快便理解了。

公元 384 年，慧远到庐山修建东林寺。慧远在庐山时发现南方人好玄学，对佛学不重视，所以南方的佛经有很多缺失，于是就派弟子前往西域求取真经，然后组织人员进行翻译。在慧远的影响下，佛教开始从少数人的上层社会走向人数更多的下层社会。

慧远继承了道安法师的般若"本无"思想，他认为万物本性为"空""无"，万物为有，但生于无，最后寂灭时又归于无。慧远认为想要达到佛教的最高境界——涅槃，就离不开禅、智，它们之间是相辅相成的关系，如果只有禅没有智，则"寂"不彻底，如果只有智没有禅，则"照"难深彻，所以要寓智于禅、寓禅于智。

慧远提出并完善了"法性论"，其要点为："法性"是"无性之性"，是虚无的空性，"法性"不变而无穷，超时空而永恒，是产生宇宙万物的总源，一切现象皆由"法性"延伸而出；最后，"法性"还是宇宙万物的归宿。他

的法性思想受到魏晋玄学的"本无说"的影响，因为二者
"都承认一个形而上的实体"。

慧远认为"神"是不灭的，是无名无相的，是精明到
了极点的神妙之物，是一种玄妙之极的精灵，他们既有
灵魂的属性，又能受外物的感动。慧远的思想融合了儒、
佛、道三家的思想，对后世影响很大。他在准确把握佛学
思想的同时，协调了佛教与中国传统文化的关系，努力促
成了佛教与中国传统文化的融合，使佛教成了中国传统文
化的一部分。

六、僧　肇

僧肇（374或384—414年），本姓张，京兆
（今陕西省西安市）人，鸠摩罗什弟子，以"解空
第一"闻名，著有《肇论》《维摩诘经注》等。

僧肇出生于贫苦人家，年少时以替人抄书为生，
这让他有机会博览经史。他早年喜好老庄，但
觉得老庄没有提出精神解脱之法，后来读到《维摩诘经》
顿悟，于是出家为僧，拜在后秦高僧鸠摩罗什门下。

鸠摩罗什翻译完《大品般若经》后，僧肇根据自己的
理解写了两千多字的《般若无知论》。鸠摩罗什看后对其
大加赞赏，说他解读得非常好。

"东林十八高贤"刘遗民读了僧肇的《般若无知论》
后赞叹不已，并写信给他询问不解之处，僧肇回信做了详
细的解答，并赠送他一本自己的著作——《维摩诘经注》。
后来僧肇又写了《不真空论》《物不迁论》。鸠摩罗什逝世

后，僧肇为悼念恩师又创作了《涅槃无名论》。后人将他的著作整理成《肇论》，而僧肇的佛学思想主要收录在这本《肇论》中。

僧肇在《物不迁论》中论述了世界有无变化、生灭、运动的问题。僧肇认为事物的本质是不变的，但有现象的变化，这二者是动与静的统一。他认为"事各性住于一世""古今各不相到"，过去所产生的事物既不会发展变化也不会消逝，只会停留在过去，现在的事物既不会回到过去，也不会走到未来，只会永远停留在现在。

在《不真空论》中，僧肇阐述了佛教的空性思想，主要讨论"有"与"无"、"色"与"空"的问题，强调一切现象都是因缘和合而生，是无自性的虚妄假相。这种观点体现了佛教的空性思想，即一切法（现象）都是条件性的，没有永恒不变的实体。

在《般若无知论》中，僧肇指出"般若"是佛教的最高智慧，其本质就是"无知"与"无相"。无知指的是超越世俗认知的局限，达到一种超越知识和理解的境界。这种无知并非真正的无知，而是一种超越了世俗认知的智慧状态，通过否定世俗的认知达到对真理的领悟。无相指的是一切法（现象）没有固定的自性，即一切法都是因缘和合而生，没有固定的、永恒的本质。

僧肇在《涅槃无名论》中认为涅槃是非有非无、不即世间又不离世间的神秘境界。他认为涅槃是超越了生死有无的相对相，是圣人所得绝对真实的体道之境。

僧肇的佛学思想不仅有对印度佛学的准确理解，而且融入了中国哲学和语言，成功地将佛学思想中国化。他促进了佛教与中国传统文化的融合，为佛教在中国的传播和发展作出了重要贡献。

七、王　通

王通（584—617年），字仲淹，门人私谥"文中子"，绛州龙门（今山西省河津市）人，隋朝教育家、思想家。王通有弟子千余人，培养了一批各色人才，著有《中说》《续书》等。

王通从小受家学熏陶，精习《五经》。据说，王通年仅十五岁时便开始教学，十八岁时就已经展现出非凡的志向与学问了。后来，王通投身学术，刻苦读书，学问精进，被誉为"四方之志"。隋文帝仁寿三年（603年），王通考中秀才，前往长安拜见隋文帝，呈上自己的《太平十二策》。

王通主张"尊王道，推霸略，稽古验今，运天下于指掌"，因此得到了隋文帝的赏识。但是，王通的主张在大臣中并未获得广泛认可，很多大臣还排挤他，最终他只被任命为最低级的小官。失意的王通便写下《东征之歌》，抒发怀才不遇的心情。

后来，王通被任命为蜀郡的司户书佐、蜀王的侍读，此时他已经对朝廷失去信心，最终选择了辞官归乡。

王通回乡隐居后，全身心投入到振兴儒学、讲学、续述《六经》中。他花费九年时间编撰完成《续六经》，即《续诗》《续书》《礼论》《乐经》《易赞》《元经》，延续并发展了儒家经典精神，为后世留下了宝贵的思想遗产。

王通提出了著名的三教可一的主张，即儒、佛、道三者之间的争端是可以调和的，儒家经世治国的思想可以与佛法、道法中的思想走一条融会贯通之路，不必非要争出高下来。佛家思想和道家思想都可以成为儒家思想的养料。他努力从三者中寻求共同点，为当时的统治者提供治世良方。

王通提倡因材施教与兼收并蓄。王通认为，教学必须随着时代和环境的变化而变化，并要不断充实和改善教材的内容。否则，就会在治学和教人时处处碰壁。王通会根据自己对学生的了解，因人而异地进行教学。他主张"吾将退而求诸野矣"，把求学的重点放在在野的学者、隐士以及佛道高人之中，从他们的各家之言里吸取营养，丰富自己的思想，充实自己的教学。

王通提出了"穷理尽性"的道德修养方法。他在振兴儒学的同时，非常重视道德修养问题，并提出了有关的原则和方法。他首先说明了"人心"与"道心"的矛盾，以及如何防止"人心"泛滥和"道心"扩充的问题。在他看来，人的道心即人类性善的本源，由此善性便可派生"仁、义、理、智、信"。他提出欲"存道心，防人心"，就要"以性制情"；还提出了一系列修身要求，即"正心""诚""静""诚""敬慎""闻过""思过""寡言""无辨""无争"等。

八、慧　能

> 慧能（638—713 年），本姓卢，生于南海新兴（今属广东省），唐代僧人，禅宗南宗创始人，其说教在死后由弟子汇编为《六祖坛经》。

慧能出生于贫寒家庭，三岁时父亲去世，跟母亲相依为命，以打柴为生。有一天，他在卖柴回家的路上，听到有僧人诵念《金刚经》，因此顿悟，决心出家学佛。后来，他北上湖北黄梅县参拜弘忍大师学习佛法。

弘忍初见慧能，问他是哪里人，来这里做什么，慧能回答自己是岭南人，来到这里"唯求法作佛"。弘忍听了之后，随口说："你是岭南人，哪里能作佛！"慧能回答："人有南北之分，佛性并无南北之分。"弘忍听完后，有些吃惊，并且也不好回绝，于是安排他在寺院一边随众劳动，一边学习佛法。

弘忍想物色衣钵传人，命弟子各写一偈语（佛教术语，即蕴含佛家思想的小诗，通常为四句）。大弟子神秀写下一偈："身是菩提树，心如明镜台，时时勤拂拭，莫使有尘埃。"弘忍见此偈后漠然不语，慧能也作一偈："菩提本无树，明镜亦非台，本来无一物，何处惹尘埃。"第二天，弘忍叫来慧能，把世代相传的法衣交给他，正式认定他为禅宗六祖，为了确保他的安全，亲自送他离开。慧能回到岭南，过了十几年的隐居生活。

后来，慧能到了南海法性寺（今光孝寺），当时寺中的印宗法师正在讲《涅槃经》，风吹动旗幡，一个僧人说是风在动，另一个僧人说是幡在动，两个僧人争论不休。慧能却说既非风动，也非幡动，而是人的心在动，印宗法师听后立即请他一起论法。之后，印宗法师为慧能剃发、授戒，让他在寺中讲法。

不久，慧能又移居宝林寺，在此宣讲禅法，一时信徒云集，影响很大。武则天、唐中宗都派人请他入宫讲佛法，但是慧能"托病不去"。

慧能主张"不立文字"，他本人并没有著作，他的弟子法海将其讲法内容汇编整理成《六祖坛经》，这也是我国佛教中为数不多的被尊称为"经"的本土佛教著作。

慧能认为，所谓佛性就是人的"心"与"性"，众生都有佛性，人人都可以成佛。虽然众生本性是佛，但因为迷恋外物，人逐渐遗失了本性，所以现实中的众生不能人人都能成佛。众生想要成佛，还要依法修行，去除迷恋，返璞归真。在修行方法上，慧能提倡"自悟自修"，即依靠自己的力量去觉悟解脱，具体就是去除内心的执着，达到内心的解脱，还有就是定慧等学、顿悟成佛，只要一念觉悟，就可以解脱成佛。

慧能的佛学思想被历代禅师继承，他将广大民众熟悉的儒家道德理念、规范与佛教的道德思想结合，一起纳入道德的善的范畴，从而促进了儒、佛思想的会通，既扩大了佛教道德的内涵，也促进了中华民族传统伦理思想的充实和发展。

九、成玄英

成玄英，生卒年不详，字子实，陕州（今河南省三门峡市）人，唐初道士、学者。他被唐太宗赐以"西华法师"的称号，著有《道德经义疏》和《南华真经注疏》等。

成玄英自幼出家成为道士，对《道德经》和《庄子》颇有研究，并且精通儒学、《周易》。贞观五年（631年）奉诏到长安，被唐太宗赐号"西华法师"。

唐高宗永徽年间，河东出现严重的旱灾，这个灾难恰好被成玄英之前所作的《周易流演》预言中了，当时像《周易流演》这些推算国家吉凶的书都是禁书，于是成玄英被流放到郁州。从此以后，成玄英就在此隐居著书。

隋唐时期，玄学思想依然流行，成玄英对老庄思想推崇备至，对《道德经》《庄子》进行了注疏。他在注疏中着重阐发"重玄"思想，并使"重玄之学"成为唐初道教哲学的一大主流。

成玄英认为"玄"是"深远",是"不滞","不滞"就是不执着。成玄英认为出世之人无欲无求,视万物为空,这是过于执着于无;入世之人欲望众多,陷入欲望的泥潭不能自拔,这是过于执着于有,只有既不执着于无,也不执着于有,才能得到非有非无的玄旨。

成玄英认为不执着于有无只是"一玄",但这还不够,还要"不滞于不滞",这就是"重玄"(也是又玄)。成玄英认为有意识地"不滞"还是有所滞,还需彻底否定"一玄",才能达到非无所非的境界,也就是无所谓是与非,无所谓滞与不滞,一切都顺其自然。

成玄英根据"重玄"理论,提出修养长生之道就是无欲无为的静养。他认为"静是长生之本,躁是死灭之原",想要长生就要"去躁为静",要无欲无为,具体做法就是摈弃对名利的欲望。成玄英还引入佛教的三业、六根之说,认为长生者要做到"三业清静""六根解脱"。成玄英

"守静去躁"的修养之法对后来的司马承祯、吴筠等有一
定影响。

　　成玄英将老庄思想全面引入道教，让道教的思想范畴
得以拓宽，并将道教思想提升到了一个更高的层次。

十、法　藏

　　法藏（643—712年），本姓康，原籍西域康居，唐代高僧，华严宗创始人。他曾被武则天赐号"贤首"，著有《华严经探玄记》《五教章》《起信论义记》等。

　　法藏的祖父是西域康居人，后来迁居长安，以康为姓。法藏出生在长安，十七岁时，拜智俨法师为师，听其讲解《华严经》并得其真传。智俨卒后，法藏出家为僧。

　　后来，法藏在太原寺、云华寺讲《华严经》。因其佛法高深，武则天就以《华严经》中的贤首菩萨之名，赐法藏"贤首"称号，所以法藏又被称为"贤首大师"，由他开启的华严宗也被称为"贤首宗"。

　　法藏在洛阳时参与了《华严经》的翻译工作，看到该经书不全就查找资料将其补充完善。新译的《华严经》

完成后，法藏在洛阳宣讲此经，此后他还参与翻译了多部经文。

法藏继承并发展了智俨法师的法界缘起思想，进而提出了"三性六义"说，即每一性都有二义，这二义既相互对立，又相互依存，这在古代属于比较深刻的辩证思想。他认为任何现象的出现都是有原因的，但引起某个具体现象的原因对应的结果不同，因此可根据结果是否跟原因保持一样的道德属性，将原因分成主要原因和次要原因。

法藏认为一切事物都有六相，所谓"六相"就是现象界的六个范畴，即总相、别相、同相、异相、成相、坏相。比如一个金狮子，金狮子就是总相，眼睛、嘴巴、尾巴等就是别相；眼睛、嘴巴、尾巴都是由金子做成的，所以是同相；不过眼睛、嘴巴、尾巴的外形各不相同，所以是异相；它们因缘形成了金狮子，就是成相；如果因缘没有合成金狮子，就是坏相。

此外，法藏还对历史上的佛教经论进行了整理，将其分为"五教十宗"。

　　法藏的思想对日本和韩国的佛教影响比较深远，日本、韩国至今还有以法藏华严教义为理论的华严宗。

韩愈（768—824 年），字退之，河南河阳（今
河南省孟州市）人，自称"郡望昌黎"，世称"韩
昌黎""昌黎先生"，唐朝文学家、哲学家。

韩愈三岁丧父，跟随兄嫂生活。贞元八年（792
年）他考中进士，两次出任节度推官，后来担
任监察御史、中书舍人等职。公元 817 年，韩愈出任宰相
裴度的行军司马，参与讨平"淮西之乱"，因功升任刑部
侍郎。两年之后，他因谏迎佛骨一事被皇帝贬为潮州刺
史，晚年出任吏部侍郎，人称"韩吏部"。

韩愈以其文章闻名于世，他的散文质朴、雄健，颇
有古风，这与他推崇古体文有关。韩愈鄙夷当时过于华
丽的骈体文风，提出"文道合一""气盛言宜""务去陈
言""文从字顺"的文学理论，并开启了中国文学史上重
要的古文运动，奠定了唐宋散文的基础，韩愈也因此被尊

称为"百代文宗"。

韩愈不仅是伟大的文学家，还是一位有着个人坚持的思想家。从社会变革的角度看，韩愈的思想偏重传统，他坚持传统的儒家思想，提出了重要的"道统"理论。

韩愈肯定了"君君、臣臣、父父、子子"的儒家道统的重要性，肯定了封建等级制度的优越性，认为人是有等级的，是需要被等级制度教化和约束的。儒家的仁义道德是稳定社会的基础，社会的运行应该遵循儒家思想，每个人都应该自觉地实践儒家的道德，从而使儒家道德、儒家思想与社会生活、政治生活相统一。

韩愈认为儒家思想是唯一的正统思想，他排斥佛学和道家思想，认为后两者对于社会发展是不利的，应该加以禁止。

韩愈还提出了符合儒家思想的人性理论——"性情三品说"。韩愈把人性分为上、中、下三品，并且认为上品的人生来就能够照封建道德标准行事；中品的人要通过修身养性才能做到这一点；下品的人则天生劣性，只能用强制手段使他们"畏威而寡罪"。他认为"性"是先天所有的，构成性的要素有仁、义、礼、智、信；"情"为后天生成，也有上中下三品，由喜、怒、哀、惧、爱、恨、欲七种感情组成。上品的情的发动都符合道德原则；中品的情的发动有过与不及，但是合乎道德原则的要求；下品的情的发动都不符合道德标准。三品的性与三品的情互相对应。

韩愈的思想在中国道统历史上占有重要的地位，他上承孔孟，下启程朱，开宋学道统论之先河。他在弘扬儒家文化、重振儒学正统地位方面作出了积极的贡献。

第五章

宋元时期
思想家

一、邵 雍

邵雍（1011—1077 年），字尧夫，北宋理学家，与周敦颐、张载、程颢、程颐并称"北宋五子"，著有《皇极经世》《观物内外篇》《先天图》《渔樵问对》等。

邵雍年少时才智出众，为了磨炼自己的意志，他冬天不生火，夏天不扇扇子，每天夜里都学习到很晚才睡，早晨又早早起来学习，这样坚持了很多年。

他认为自己不单要读古人的书，还要去看看古人游历过的地方，这样才能更深入地理解书中的意思，于是他花了很长一段时间去游历，增长见识。虽然邵雍学识广博，但他从来都不炫耀，跟其他人探讨学问产生分歧时从不强词夺理，而是虚心听取他人意见。

熙宁三年（1070 年），王安石推行新法，一些官吏见难以推行，就递上引咎辞职的呈文。邵雍的门生旧友都带着辞呈来找他，他说："新法固然严苛，能尽自己为官之力对百姓宽厚一分，那百姓就会受到一分益处。弃官对百姓又有什么好处呢？"邵雍德行纯正，一些官员、读书的士子到洛阳，即使不去拜访官府，也必会去邵雍住处拜望。

邵雍患病垂危期间，司马光、张载等人在他跟前守候照料，并商议他的丧葬事宜。邵雍听到之后，特意叮嘱儿子丧葬一切从简。

邵雍对《周易》有独到的理解，他在《皇极经世》一书中对宇宙运行规律、阴阳的变化、万物的交替进行了推演。

邵雍提出了"以物观物"的思想。他认为万物都处于不断的变化之中，并且"天地人物"都有各自的规律，因此要通过"观物"来认识万事万物的本质和规律。邵雍特意强调观物不可以用眼睛看，也不可以用心来观，只有"以物观物"才能认识万物。

邵雍还提出了"体四用三，不用者一"的观点。邵雍认为天地具有体四用三、不用者一的结构。所谓体四，指的是整体；所谓用三，指整体当中活动、发用、可感知的部分；所谓不用，则是用的反面。因此，体四用三、不用者一的含义是：在一事物中，活动的部分占整体的比例为四分之三，余下的四分之一则是不活动的。

邵雍对道有独到的理解，还开创了唐宋以来的先天象数学，阐述新的宇宙本体论，建立了新的自然史观和社会史观，对宋明理学的发展起到了非常重要的作用。

二、周敦颐

　　周敦颐（1017—1073年），字茂叔，号濂溪，世称"濂溪先生"，北宋道州营道（今湖南省道县）人，理学家、文学家，著有《爱莲说》《太极图说》《通书》等。

　　周敦颐出身于官宦世家，自幼聪明好学，看到奇怪的事情喜欢寻根问底，直到弄明白为止。十四岁时，他到离家不远的岩洞——月岩里读书思考。他发现从月岩的不同位置看向头顶的洞口，会看到不同的景色，据说他在这里参悟了"无极而太极"的道理。

　　十五岁时，周敦颐的父亲去世，他跟随母亲去投靠舅舅郑向（龙图阁学士）。郑向很喜爱聪慧仁孝的周敦颐，得知他喜欢白莲，就在自家宅前广种白莲。郑向还将恩荫的机会让给了周敦颐，让年方二十的周敦颐当上了将作监主簿。

1046 年，周敦颐担任郴州县令，在公务之余兴教讲学，其间程颢、程颐拜他为师。1060 年，周敦颐跟王安石相遇，他们谈书论道，都从对方那里获得了不少启发。1063 年，周敦颐与友人一起游玩，兴之所至写下名传千古的《爱莲说》，通过这篇文章表明了自己的志向。1073 年，周敦颐在庐山濂溪书堂病逝。

周敦颐开创了用"义理"解经的新方式，将宇宙本体论融入儒学之中，从而建立了理学思想体系。

周敦颐将《道德经》的"无极"和《易传系辞》的"太极"合并，提出了"无极而太极"（相当于老子的"无中生有"）的宇宙生成论。他认为"无极"是宇宙的本原，"太极"生阴阳，阴阳生金、木、水、火、土五行，它们相互作用，最后生万物，这个过程是实际存在的，也就是"诚"。

周敦颐认为"诚"是宇宙存在的根源，"诚"是生命之源，所以每个生命体内都含有"诚"的本性，人也具有"诚"的本性。周敦颐认为人性有刚善、刚恶、柔善、柔恶、和中五品，人只有达到"至诚"的境界，人性才能完善。人也只有达到至诚，才能"无欲无求，宁静致远"，才能进入至高至善的道德境界，才能成为圣人。

怎么才能让人达到"至诚"的境界呢？周敦颐提出了"主静"的修养方法。他说人要克制自己的愤怒，抑制自己的欲望，要及时改正错误，并积极向善，达到无私无欲的境界，从而实现真正的平静，才能成为圣贤。

周敦颐提出的无极、太极、阴阳、五行、主静、至诚、无欲等理学概念，构成了理学体系中的重要内容，他儒道结合的宇宙论奠定了理学的发展基础。

三、张 载

张载（1020—1077年），字子厚，凤翔眉县（今陕西省眉县）人，世称"横渠先生"，北宋理学家，著有《正蒙》《横渠易说》《张子语录》等。

张载从小天资聪慧，十岁时随老师学习。张载十五岁时，父亲在涪州知州任上病逝，他和母亲、弟弟护送父亲的灵柩北归，行至眉县横渠时，前方发生战乱，加上路资不足，就将父亲安葬在此地，全家也在此定居下来。

张载二十一岁时，看到北宋朝廷"赐"给西夏大量财物，以换得边境的和平，很是痛心，于是写下《边议九条》上书给主持西北防务的范仲淹。范仲淹对其收复失地的热情给予了肯定，并勉励他多在儒学上下功夫，以成大器。

张载听从了范仲淹的建议，回家勤学苦读，遍读儒释道经典后，开始建立自己的学说体系。三十八岁时，他前往汴京参加科举考试，与苏轼、苏辙同中进士。在汴京期间，他于相国寺讲《易》，巧遇到了程颢、程颐两兄弟，与二程兄弟结为知交。

张载为官期间，推行德政，重视德育，政令严明，使百姓安居乐业。他曾说服权臣蔡挺在大灾之年取军资救济灾民，深受百姓尊重和信任。

宋神宗熙宁二年（1069年），王安石主持变法，想得到张载的支持。一天，王安石见到张载，希望他能帮助自己推行新法，张载赞同为政者应大有作为，但含蓄地拒绝参与推行新政，遂引起王安石的反感。张载之弟监察御史张戬因反对王安石变法，与王安石发生激烈冲突，被贬到公安县，张载知道自己要受到牵连，于是辞官回到横渠。

张载回到横渠后，专心讲学读书、著书立说。张载一生践行"为天地立心，为生民立命，为往圣继绝学，为万世开太平"，从不为自己谋福利，以致死后都没钱收殓。他在长安的学生闻讯赶来，才筹资买棺成殓。

张载的哲学思想中，最重要的就是"气本论"。张载认为宇宙的本原是气，世界万物都由气化而来。张载认为，气聚则为有象的"有"，气散则为无形的"无"，不管是气聚，还是气散，都是"有"，因为气是永恒存在的，不会消散。张载提出了"太虚即气""气为本体""气化万物"的唯物主义宇宙观。

张载认为气的本然状态是无形的太虚，太虚之气包含阴气与阳气两个矛盾的方面。阳气清、浮、升、动；阴气浊、沉、降、静。阴阳二气处在同一个统一体中，既相互对立、相互斗争，又相互依存、相互渗透、相互生发。阴阳二气的这种关系的运动变化，是万物运动变化的根本原因和动力。

张载认为人的知识是通过"闻见"与"德性"两个途径获得的。他认为人可以通过耳目鼻舌身等感官获得一部分"闻见之知"，但这种方法不能全面认识所有事物，还要穷理尽性，以获得更广泛、更深刻的"德性之知"，这才是能反映事物本质的真知。

张载的哲学思想内容十分丰富，对中国古代哲学贡献很大，对后世产生了深远的影响。

四、程颢、程颐

程颢（1032—1085 年），字伯淳，程颐（1033—1107 年），字正叔，两人为同胞兄弟，洛阳（今河南省洛阳市）人，北宋理学家、教育家。他们被世人称为"二程"，因"二程"长期在洛阳讲学，所以世人将他们创立的理学体系称为"洛学"，他们的著作、言论皆被收入《二程全书》。

程颢和弟弟程颐从小深受父亲的影响，在政治理念上反对王安石新法，所以宋神宗在位期间，他们没有受到重用，于是他们潜心研究孔孟之道，最终开创了"洛学"。

"二程"认为，"万物皆只有一个天理"，"天理"是万物的本原，是至高无上的范畴。在宋代以前，儒家认为"天"是最高范畴，道家认为"道"是最高范畴，但是"二程"却打破以往的认识，认为"天""天命"或"天道"都是"理"或"天理"的表现。

"二程"认为"理"虽然看不见、摸不着，却是真实存在的，是天地万物发展的普遍规律，是人们为人处世的准则，并且天下之"理"是一样的，是没有任何缺陷的。他们提倡人们要"唯至顺而已"。

"二程"认为人性中的善是"天理"的体现，是至善无瑕的，人性中的恶是气化而来的，因为受到气的侵蚀产生"人欲"或"私欲"，"人欲"和"天理"是互不相容的，是此消彼长的。对于普通人的正常欲望，"二程"并不反对，他们反对统治阶级过多的人欲。

《二程全书》

"二程"还将"天理"跟伦理道德联系起来，认为"人伦"就是"天理"，"父子君臣"就是天理，如果违背这一伦理就是"无理"。

"二程"认为人只有真正明白"理"之后，才能依"理"行事。怎么才能明"理"呢？"二程"认为要"格物"，就是要去接触、理会、体察和穷究事物之理，只有深刻探究万物，才能找到其中的"理"。

二程在继承儒家思想、汲取道家学说的基础上探讨"理"，把中国传统哲学思想推进到新阶段。他们将治世、治身、治心统一起来，达到了"穷则独善其身，达则兼济天下"的思想境界。

五、朱　熹

　　朱熹（1130—1200 年），字元晦，号晦庵，南
剑州尤溪（今福建省尤溪县）人，南宋理学家、教
育家。朱熹是理学集大成者，被后世尊称为朱子，
著有《四书章句集注》《周易本义》《诗集传》《楚
辞集注》等。

　　朱熹幼年早慧，五岁就能读懂《孝经》，并在书
上写下"如不如此，便不成人"勉励自己。他
十八岁考取贡生，十九岁考中进士，二十二岁步入仕途，
曾任江西南康知军、福建漳州知府、浙东巡抚等职务。
六十七岁时被攻讦为"伪学魁首"，被削去官职。

　　朱熹为官清正有为，一生致力于教育，任南康知军期
间修复白鹿洞书院，并亲任洞主，还制定了《白鹿洞书院
学规》。他还提出了"朱子读书法"：循序渐进、熟读精思、
虚心涵泳、切己体察、着紧用力、居敬持志。

　　朱熹的理学体系的核心是"理"。他认为理是万物之源，气是万物生成的材料。关于理和气的关系，朱熹认为逻辑上理先于气，气是理的衍生，但气有变化的能动性，理需要借助气来生成万物，所以理又不能离开气，"理在气中"。

　　朱熹认为理是宇宙万物的本原，自然界的一切都是理派生出来的，所以君臣、父子、夫妇、兄弟、朋友都是理，如果能"格物穷理"则能知其所以然，然后弃恶扬善。

朱　熹

　　朱熹把仁、义、理、智、信五常作为各种社会关系之间的准则，将君为臣纲、父为子纲、夫为妻纲"三纲"作为重要的社会规范。他还把"三纲五常"与"天理"联系在一起，认为它们是天理的展开。

　　朱熹继承了"二程"的思想，并建立了更系统的格物穷理说。他通过对"格物致知"的阐释，表述了自己的认识论思想。朱熹所谓的"格物"，是指穷尽事物之理，通过研究认识事物，彻底认识其中所包含的道理；"致知"，是指扩大自己的认识，穷究一切道理，以求达到认识的极致境界。"格物致知"的目的是"穷理"，理是不生不灭、永恒不变的。人如果做到了"穷理"，就可以达到"顺理以应物"的境界。同时，他提倡"诚意正心"，认为人们应该通过反省自身、修养身心，达到内心的平静和纯净，从而更好地领悟"理"的内涵。

　　朱熹在"二程"的理学基础上继承和发展了理学，对于后世产生了巨大的影响。他建立的完整而精致的客观唯心主义的思想体系，标志着理学发展到了成熟的阶段。他的学术思想在元明清三代，是封建统治阶级的官方哲学，也成为巩固封建社会统治秩序的精神支柱。

六、吕祖谦

　　吕祖谦（1137—1181年），字伯恭，婺州（今浙江省金华市）人，南宋理学家、文学家。他跟朱熹、张栻齐名，时称"东南三贤"，著有《东莱集》《历代制度详说》《东莱左氏博议》等。

　　吕祖谦出生于官宦世家，少年时因恩荫获得官职，但他并没有去上任，而是坚持科举入仕。二十七岁时，他考中进士，被授予左从政郎，后来又以太学博士补严州州学教授。

　　1172年，吕祖谦参与礼部考试工作，结识了陆九渊。1175年，吕祖谦拜访朱熹，跟朱熹在"寒泉精舍"研读、探讨周敦颐、张载、程颢、程颐等人的著作。同年六月，为了调和两个至交好友朱熹、陆九渊在理论上的分歧，他发起、主持了"鹅湖之会"，让坚持"理学"的朱熹和坚持"心学"的陆九渊、陆九龄在鹅湖寺展开讨论，这是学术史上的一个创举。

吕祖谦博学多识，主张明理躬行，在兼任国史院编修官与实录院检讨官期间，奉命修订《徽宗实录》。他发现旧稿中有很多错误，于是亲自查阅资料，进行修订。修订完毕，面呈宋孝宗时，他趁机奏表，希望宋孝宗能广纳天下有志之士，励精图治，重振朝中士气。

作为朱熹和陆九渊的共同好友，吕祖谦的思想受到两人的影响。他一方面认为"理"或"天理"是世界的本原，一方面又认为"心"总摄万物。在认识论上，吕祖谦一方面主张理学的"格物穷理"，一方面又强调心学的"明心"。他希望能将"理学"和"心学"融为一体，只是英年早逝，没来得及实现理想。

吕祖谦主张学以致用，反对空谈心性。看到南宋的危机，他觉得仅有理学和心学还不够，还要有功利之学，于是他吸取各家学说的进步观点，并进行融合，构建了自己的学说体系，希望能应对南宋的危机。

吕祖谦主张法德并举，法与德是相辅相成的，前者是惩处，后者是教化，都是统治阶级不可或缺的政治手段。吕祖谦认为法是"人情物理所在"，好的法律条令包含了"仁义之气"，并不排斥申韩倡导的法家思想。法的"仁义之气"就在于惩恶、公正，一旦"过法"，就违背了"人情物理所在"的"法"的正义性。他认为对犯小罪的人要严格处理，对作恶多端的大罪大过之人必须以严刑峻法来惩处，反对刑要轻、法要宽的主张。

吕祖谦非常热心于教育。他说学习是一个反复体会的过程，建议学生多看书、多思考，将知识融会贯通，边学边用，只有这样才能掌握真知。他还提出了"读书先学做人"的理念，重在倡导"明理躬行"，推行《礼记》中"博学之，审问之，慎思之，明辨之，笃行之"的读书方法。他还主张学习要"躬行不懈"，学以致用，把学到的知识运用到实践中去，充分体现了其"讲实理、育实材而求实用"的哲学思想。

吕祖谦博学多识，不但在儒学、文学等方面取得了较高成就，而且其学"得中原文献之传"，其思想观念颇有特色。他是南宋理学的重要开创者，在南宋思想学术界产生了重要影响，足以与朱学、陆学相鼎立。

七、陆九渊

陆九渊（1139—1193年），字子静，号存斋，抚州金溪（今江西省抚州市）人，因曾在贵溪的象山（今江西贵溪西南）讲学，人称"象山先生"，南宋理学家、教育家。他主张"心即理"，是心学的创始人，著有《象山先生全集》。

陆九渊出生于封建世家，家学渊源，自幼聪颖好学，喜欢思考，并能提出自己的见解。

1172年，陆九渊考中进士，回家后很多人慕名前来，他便将故居的偏房改为讲堂，开始授徒讲学。1182年，陆九渊受人推荐，开始到太学讲课，在课堂上他努力激发学子收复失地的热情。1186年，陆九渊在朝中提出了任贤、使能、赏功、罚罪是医国"四君子汤"，得到皇帝赞许。1193年，陆九渊逝世，出殡时有数千人来送行。

陆九渊用孟子的"心之官则思""求放心"等理论来

阐述程颢、程颐理学中的"心性"层面，提出了"心即理"的主张。陆九渊认为"理"不在人的心外，而在人的心中，只有通过人的心，才能感知天地万物的存在，才能体会到天地万物之理。

陆九渊认为天理、人理、物理只在心中，心是唯一实在，心即理是永恒不变的。他认为人们的心和理都是天赋的、永恒不变的，仁义礼智信等是人的天性所固有的。人难免受物欲的蒙蔽，受蒙蔽之后，心就不灵，理就不明，必须通过师友讲学、切磋琢磨，鞭策自己，以恢复心的本然。修养功夫在于求诸内，存心养心，具体方法是切己体察，求其放心，明义利之辨。

陆九渊认为"心"的作用很大，只要"自存本心"就能了解天下所有的事物，所以想求得事物的"理"，就要反省内求，不用"格物致知"。

陆九渊将其"心学"理念应用于教学，形成了一套独特的教育理论。他认为教育的目的是存心、养心、求放心和去蒙蔽、明天理。他重视学生的心灵培养，让学生自己去感悟世界、认识世界，从不用条条框框去束缚学生。陆九渊认为学习不是简单的向外探寻、向外学习的过程，而是多在"心"上下功夫，不断寻找"本心"，从而达到学习的目的的过程。

陆九渊创建的心学思想对当时以及后世都产生了极为深远的影响。他的心学思想经后人充实、发挥，成为明清以来的主要哲学思潮，不仅影响了中国，对日本、韩国等国的思想和社会变革也产生过积极的影响。

第六章

明清时期
思想家

一、陈献章

陈献章（1428—1500 年），字公甫，新会（今
广东省江门市）人，居白沙里，故被人称为"白沙
先生"，明代理学家、教育家。他是明代心学的奠
基者，著有《白沙子全集》。

陈献章二十岁中举，此后两次参加会试却都落榜
了，于是他决心不再参加科考，转而专心研究
学问。他听说临川人吴与弼的学术造诣很高，于是跋山涉
水来到临川，拜吴与弼为师。

陈献章跟吴与弼学习了一段时间后返回家乡。为了专
心读书，他专门修建了一间书舍，取名为"春阳台"。为
了不让别人打扰自己读书思考，他在书舍的墙壁上凿了一
个洞，让家人将饮食、衣服等从这个洞递进来。就这样
苦读了十年，他的学问和修养大增，并形成了自己的心学
体系。

随着名气的增加，有一些学生想拜他为师，于是他在春阳台设馆教学，很多学生后来成为朝廷的栋梁，如身兼数职的重臣湛若水、名臣梁储等。

陈献章的心学中保留了一小部分程朱学派的思想，但主要思想源于陆九渊的心学。他认为心即理，"君子一心，万理完具"，具有万理的心不是每个人具体的心，而是从每个具体的心抽象出来的普遍的心。

陈献章并不认为心创造天地万物，也不认为心包含宇宙，但他坚信与理为一、真实无妄之心，会使人做出惊天地、化成天下的业绩。"天地我立、万化我出，而宇宙在我矣""盖有此诚，斯有此物，则有此物，必有此诚"说的就是这个意思。陈献章认为心要保持与理为一，必须不着一物，但是一般人做不到这一点。因为一般人的心会受到物欲的蒙蔽，导致有理而不明。他认为要恢复心、理为一，必须首先去除造成心、理间隔的物欲，使心不着一物。

陈献章认为人可以通过"自得"来求学问和修涵养。

他认为不管是做学问还是提高自身修养，都要反求于心，具体办法就是静坐。通过静坐，祛除欲念，让心恢复到最开始没有欲念的境界，就会发生飞跃，心中就会有理呈现出来。

陈献章提出了著名的"贵疑论"，强调"提出问题"对学习与成长具有重要意义。他认为："前辈谓'学贵知疑'，小疑则小进，大疑则大进。疑者，觉悟之机也。"意思是学习贵在善于思考，心存怀疑，有小的疑问和困惑，就会有小的进步；有大的疑问和困惑，则会有大的进步。疑问是觉醒领悟的基础。

陈献章在教学中，不讲高深道理，不讲晦涩难懂的功课，课堂上从无高高在上的说教。他每次都简明扼要地点题，然后让学生们自己静静思考，领会文章精神后提出问题，再一个个解答。他不主动灌输，让学生自己去悟。

陈献章"天地我立，万化我出，宇宙在我"的自我主宰精神，让明代文人为之一振，扭转了明代的风气，突破了已趋于僵化的程朱理学的束缚，开启了明代心学体系。

二、罗钦顺

罗钦顺（1465—1547年），字允升，号整庵，泰和（今江西省泰和县）人，明代思想家。他是明代"气学"的代表人物之一，著有《困知记》《整庵存稿》等。

罗钦顺出身于官宦门第，从小就受到很好的家庭教育。1493年，他在殿试中考取一甲第三名，被授翰林编修，迁南京国子监任司业。

罗钦顺为人正直，为官清廉，勤于政事，他本想用自己所学报效国家，但因当时奸臣当道，他触怒奸臣，被削职为民。

罗钦顺回到家乡后，很少跟人往来，每天早早起床，穿戴整齐后就去学古楼看书，专心于穷理、存心、知性，有时一看就是一整天。

当时阳明心学正快速兴起，程朱理学逐渐衰落，面对

这一现象，罗钦顺进行了深入的思考。他认为程朱理学将
理、气当成两个实体是一大弊端，于是他引入张载的"气
学"，将理、气统一起来，对程朱理学进行了修正，从而
建立了自己的思想体系。

罗钦顺继承并发扬了张载
的"气学"，认为世界的本原是
"气"，"理"是气存在、运行的
规律，所以"理在气中"，驳斥
了程朱理学将理当作至高无上的
范畴，理在气先的说法。他认为
只有气才是实际存在的，先有
气，然后才有理，"理只是气之
理"，气才是世界的本原。

罗钦顺

罗钦顺认为世间万物都是由
"气"构成的，虽然它看不见、摸不着，但呼吸时能感受
到它的存在，"气"不是虚空，是真实存在的，并且是不
断运动变化的，其运动变化的规律就是"理"。

罗钦顺认为客观世界的存在是不以人的意志为转移
的，所以对于陆王心学提出的心无外物、心无外理之说，
他是坚决反对的。他说人有生有死，人心也有生有灭，所

以人心怎么能是永恒存在的"理"？

　　罗钦顺的气本论思想开创了明代气学之先河，不仅对中国哲学产生了很大影响，还影响了日本的一些哲学家。

三、湛若水

湛若水（1466—1560年），字元明，号甘泉，增城（今广东省广州市）人，明代理学家。他继承和发展了陈献章的心学思想，著有《湛甘泉集》。

湛若水自幼丧父，由母亲抚养长大。他二十七岁高中举人，二十九岁拜陈献章为师，潜心研究学问，成为陈献章的衣钵传人。

陈献章逝世后，湛若水为其服丧三年，后来奉母命去参加科举考试。1505年，湛若水高中进士第二名，从此步入仕途。湛若水仕途可谓一帆风顺，做过南京礼部尚书、吏部尚书、兵部尚书，一直到七十五岁才致仕。此后，他回到广州，在府邸附近建造"天关书院"，开始讲学，致力推动家乡的教育事业。

湛若水一生都在践行儒家思想。为官时，他兢兢业业；致仕后，他也会在重大节日对着京师的方向叩拜；他对老师陈献章恭敬有加，八十五岁高龄时，还率领弟子祭拜老师；他以兴办学院、传播心学为己任；他生活俭朴，除了生活所需，其余钱财都用来购买馆田、供养四方学者。

湛若水继承和发扬了陈献章的心学，提出了"随处体认天理"的思想，他认为人可以随心、随意、随身、随家、随国、随天下去体会、实践心中的天理。

湛若水认为不管是主体之心，还是本体之心，都没有内外之分，不管是宇宙层面的"理"，还是本体层面的"理"，都没有内外之别，所以可以"随处体认天理"，从而实现主体自我跟社会规范的统一。

湛若水认为"随处体认天理"的过程就是自我选择、自觉认同天理的过程，这个过程中需要"敬静合一"。陈献章提出了"以静坐为主"的修养方法，湛若水认为老师的"静坐"只适合初学心学的人，要提高自我的涵养还需要"主敬"（保持严肃整齐的敬畏状态），只有"敬静合一"才能"体认天理"。

　　湛若水认为想要达到"随处体认天理"的状态，还要掌握"学贵知疑"的根本方法。他认为在学习过程中要有批判怀疑的精神，还要相互辩论，只有这样才能明辨是非，才能掌握事物的本质，才能彻底理解事物的道理，才能有所创新。

　　湛若水提倡的人的主体精神对后代文人的思想产生了很大影响，其"学贵知疑"的学习方法至今仍有指导意义。

四、王守仁

王守仁（1472—1529 年），字伯安，号阳明，世称"阳明先生"，浙江余姚（今浙江省余姚市）人，著有《传习录》《大学问》等。

王守仁出生于官宦之家，从小就受到文化的熏陶。为了增长见识，他十五岁时到居庸关、山海关等地游历。他十八岁时遍读朱熹的著作，为了实践"格物致知"，对竹子"格"了七天七夜，却什么也没发现，还因此而病倒，从此对"格物"产生了怀疑。

虽然王守仁才华横溢，却几次考进士而不中，直到二十八岁参加礼部会试，才考中了二甲进士第七人，从此步入仕途。

1506 年，王守仁因触怒宦官刘瑾而被贬到贵州龙场。当时龙场还是一个没有开化的地方，王守仁根据当地的实际情况开化教导当地人，因此受到民众的爱戴。在这个时

期，王守仁对《大学》等儒家经典有了新的领悟，史称
"龙场悟道"。

后来刘瑾被处死，王守仁被召入京，1514 年升任南
京鸿胪卿。1516 年，王守仁被举荐为都察院左佥都御史。
1517 年，他带兵铲除了为患数十年的盗贼。

1522 年，父亲去世，王守
仁回家守制。在这期间，他受邀
到稽山书院讲学，还在绍兴创建
了阳明书院，开始传播"王学"，
培养出了王艮、王畿等明代著名
思想家。

1527 年，王守仁被派去广
西平乱。平乱后，王守仁因病告
老还乡，病逝于回家的路上。

王守仁心学的核心思想主要
包括心即理、知行合一、致良知。

在王守仁的思想中，"理"是一个非常重要的概念。
他认为"理"就是事物内在的规律和法则，是事物存在和
发展的根本。这个"理"，并不是外在的客观规律，而是
内在于人们的心中。人们只有通过内心的体验和感悟，才
能真正认识和理解这个"理"。因此，王守仁提出"心即

理"的观点。同时，王守仁提出了"心外无理，心外无事"的观点。他认为外部的事物只有通过内心的感受和理解，才能真正被人们认识和理解；如果内心无法感受到这个事物，那么这个事物就不存在于人们的世界中。

王守仁还提出"知行合一"的心学思想。他反对朱熹"知在行先"的说法，认为"知是行之始，行是知之成"，"知"与"行"并非两个相互独立的概念，而是相互依存、相互渗透的统一体。王守仁所说的"知"，并非单纯的知识或理论，而是指人的良知、本心，是对事物本质的直接领悟；"行"则是指人的实践活动，是良知在现实生活中的具体表现。

"致良知"是王守仁心学的另一个重要理论。"致"就是把良知发挥到极致，不让良知受到任何遮蔽，这样它就可以自然而然表达出来。良知是每个人内心的本体，内心本来就是良知。良知不是从哪里学到的，是内心自觉觉悟到的，不假外求。王守仁说："若良知之发，更无私意障碍。即所谓'充其恻隐之心，而仁不可胜用矣'。"意思是如果心发之时未受任何遮蔽，就是致良知，就不可胜用。每件事情上尽良知去做，就是致良知。

王守仁的心学是中国思想文化史上的重要学说之一，后来还远传日本，对整个东亚都产生了较大的影响，其"知行合一""致良知"等理论至今仍有现实意义。

五、王廷相

王廷相（1474—1544 年），字子衡，号浚川，
仪封（今河南省兰考县）人，明代思想家、文学家，
明代"前七子"之一，著有《慎言》《雅述》等。

王廷相自幼聪慧机敏，以善诗文闻名乡里。他
二十二岁中举，二十九岁进士及第，被选为翰
林庶吉士，自此步入仕途。

王廷相为官几十年，始终廉洁奉公，疾恶如仇，一心
为国为民。他巡监山东时，不畏强权，严惩了很多贪官恶
霸；巡按陕西时，将刘瑾党羽的田庄分给无地的贫民；巡
按山西时，提拔了一些下层人士；任都察院左都御史时，
上书《遵宪纲考察御史疏》，使都察院的政风得到改观；
任太子少保时，提出了改革"团营"的措施；明世宗沉迷
方术，不理朝政时，冒死相谏；1541 年，因受到郭勋案的
牵连，被免官还乡。

　　王廷相继承了张载的"气一元论"，认为宇宙的本体是气，天地万物都是由无处不在的气构成的，并且气是"实有之物"。

　　王廷相认为程朱理学的理是万物之本，先有理后有气等观点，不是真正的儒学而是道学。他认为"理生于气"，气是理之本，有气才有理，理只是"气之载"，理不能独立存在，只能依附于气，根本没有"悬空独立之理"。

　　王廷相认为陆王心学的一切皆出于心、是内非外等观点，不是真正的儒学，而是道学中掺杂了佛学。他认为"心"本身没有内容，但具有感知外物的功能，当心没有感知到外物时，就处于静止状态，当心感知到外物时，就处于动的状态，所以心动是因为外物而起，于是提出了"由外以触内"的观点。

　　王廷相继承了范缜的神灭论观点，认为人有气才有神，有了气和神，人的身体才能活动；人死后，气就灭了，没有了气，神也就没有了，剩下的躯壳根本没什么意义。

人之所以做梦，不是因为有鬼怪神明，而是有感而梦，可
能是身体的感觉，也有可能是思维的意识。他建议人们不
要沉迷于占卜、五行之说。

王廷相认为人性有善恶，否定程朱理学的本然之性。
程朱理学认为，本然之性是纯善的，纯善的本然之性决定
了人性的善。王廷相不承认本然之性，他认为性出于气，
性气相资，只有气质之性。性出于气，有善有恶，可以通
过教化改变恶的部分，从而使人性更加完善。

王廷相的气学思想，在明代思想史上占有重要的地
位，他对程朱理气观进行了深刻的批判，并将气本论延伸
到人性论上，这对明清实学影响很大，王夫之正是在他的
基础上进一步发展了人性论。

六、李　贽

　　李贽（1527—1602 年），原姓林，名载贽，后改姓李，名贽，字宏甫，号卓吾，别号温陵居士，泉州晋江（今福建省泉州市）人，明代思想家、文学家，著作有《焚书》《续焚书》《藏书》《续藏书》等。

　　李贽幼年丧母，跟随以教书谋生的父亲读书，二十六岁考中举人，曾任辉县教谕、国子监博士、知府等职。

　　李贽善于独立思考，不受儒学传统观念束缚，具有强烈的反传统理念。他意识到因循守旧的儒学对社会经济的发展是不利的，因此他批判重农抑商，赞扬商贾功绩，倡导功利主义价值观，这与明朝中后期资本主义萌芽的出现有一定关系。

　　明朝中期，泰州人王艮拜王守仁为师，并创立了传承阳明心学的泰州学派。王艮过世后，家学由其子王襞承

传。李贽在南京时，拜来此讲学的王襞为师。李贽发展了
王艮"百姓日用即道"的思想，直截了当地提出"穿衣吃
饭是人伦物理""人即道"等观点。泰州学派的思想，发
展到李贽时，进入了更全面、更成熟、更系统的阶段，也
达到了顶峰。

李贽提出："吃饭穿衣，即
是人伦物理；除却穿衣吃饭，无
伦物矣。世间种种，皆衣与饭类
耳。故举衣与饭，而世间种种自
然在其中；非衣与饭之外，更有
所谓种种绝与百姓不相同者也。"
他反对宋明理学的存天理、灭人
欲，用天理来规范、限制人的感
性欲望。他的思想主张打破了
天理和人欲的界限，肯定穿衣

吃饭这种人的正常的感性欲求，认为其就包含真正的天理
在内。

李贽提出"人即道也，道即人也"，认为人与道的关
系就像鱼与水的关系，只是人处其中而不知，总是外身以
寻道，将人与道相分离。道与人本来是同在的，是人将道
视为自己的对立物。他还提出，人天性好自由，所以自由

也是合乎道的，所以要尊重个体，尊重个性，尊重自由。

李贽提出"天之立君，本以为民"的主张，否定了专制皇权的正面色彩，也因此成为明末清初启蒙思想、民本思想的先行者。

李贽提出了"至道无为、至治无声、至教无言"的政治理想。他认为社会之所以常常发生混乱，恰恰是因为统治者为满足一己私欲对人民生活横加干涉。他主张"至人之治"，统治者要顺乎自然，顺乎世俗民情，对人民生活不干涉或少干涉。

李贽痛恨封建道学，他用"名为山人，而心同商贾，口谈道德，而志在穿窬"这句话描述封建道学虚伪的一面，认为儒家的仁义道德不过是掩盖上位者卑鄙龌龊的假面具。他提倡功利主义，认为人民追求私利并不可耻，应该在整个社会形成一股追求个人利益的风潮。他还提倡妇女解放，实行婚姻自由，对于封建社会对女性的迫害深恶痛绝。

李贽一生坚持对封建思想和封建秩序的批判，他也因此不容于当世，他的著作被朝廷几次明令销毁，他本人被诬陷入狱，最终在狱中自杀。然而，李贽的思想却流传至今，是中国古代宝贵的精神财富。他的启蒙思想对清代思想解放运动、日本明治维新、五四新文化运动都产生了深刻影响。

七、顾宪成

顾宪成（1550—1612年），字叔时，号泾阳，世称"东林先生"，江苏无锡人，明代思想家，著有《小心斋札记》《顾端文公遗书》等。

顾宪成出身于书香门第，从小就研读孔孟之学。他二十七岁中了乡试第一，三十一岁进士及第，官居户部主事，后改任吏部主事。他为官公正、清廉，看到不公正之事就会鸣不平，有时会因触怒当权者而被贬，但很快就会因能力很强又被提拔。

顾宪成经常对朝廷的决策进行深入思考，发现有误就上书据理力争。明神宗本不想立皇长子为太子，下诏将皇长子与另外两个儿子同时封王，顾宪成就带领大臣上书阻止诏令的颁发。后来，他力争立皇长子为太子，引起了明神宗的反感。1594年，又因为举荐担任首辅的人选都是神宗厌恶的，他被革职遣送回家。

　　顾宪成回家后并没有就此消沉，而是积极办学、讲学，借机宣扬自己的政治主张，希望能扭转当时的社会风气。家乡有一所废弃的东林书院，顾宪成等人重建书院并在此讲学。他在讲学之余也议论朝政，很多人慕名而来，一时名声大振。后来，顾宪成被举荐为官，但他没有接受这个任命，留在家乡专心讲学议政。

　　顾宪成生活在明朝危机重重的时期，他看到朝廷权力落入宦官手中，朝政腐败、贪官横行、民不聊生，面对这种黑暗景象，他没有苟且偷生，而是积极思考"救世良方"。

　　顾宪成认为是虚空、脱离现实的学术误国误民，导致国家没落，于是大力提倡于国于民有利的实学，建议学子要"家事国事天下事，事事关心"。他发扬儒家经世致用的优良传统，力主做实事、实政，改革弊政，提倡于国于民有切实益处的"有用之学"。

　　为了抵制当时虚空、脱离实际的学风，顾宪成反对心学一味求"心"，他说心是活物，如果随心所欲，就会给社会带来极大的弊端，所以要给心以主，对其进行约束。

顾宪成主张"性善论"，"性善"就是"实"，认为陆王心学的"无善无恶"把性变成空，是对儒家"实教"的败坏，对其进行了猛烈的抨击，从而推动了实学思潮的发展。

顾宪成反对陆王心学不学习、不思考也能"致良知"的修炼方法，提倡"小心"功夫和修悟并重的修养方法。他的"小心"是相对当时学者中盛行的放胆任为之风而言的，希望世人能分清"时中"和"无忌惮"，"君子"与"小人"的区别，不要逾矩而行。

顾宪成勇于打破世俗陋习，极力提倡实务求新，打开了明清实学的大门，将经世济用刻入世人心中，开启了实学之风。

八、黄宗羲

黄宗羲（1610—1695 年），字太冲，号南雷，浙江余姚人，明清之际思想家、史学家，与顾炎武、王夫之、唐甄并称为"明末清初四大启蒙思想家"。他一生著述很多，有《明儒学案》《宋元学案》《明夷待访录》《易学象数论》等。

黄宗羲是北宋书法家黄庭坚的后裔，其父黄尊素是万历进士，因弹劾宦官魏忠贤被下狱，受酷刑而死。1628 年，魏忠贤被杀，年仅十九岁的黄宗羲替父申冤，上书诛杀阉党余孽，并当庭陈述阉党罪孽，拔须祭父，被人称赞为"姚江黄孝子"。

1644 年，明朝灭亡后，黄宗羲变卖家产，投身于反清复明活动。1662 年，反清复明彻底失败后，他终身不仕，隐匿在江浙一带设馆讲学，著书立说。

1680 年，康熙皇帝命地方官请他到京城修《明史》，黄宗羲以年老多病为由拒绝。此后，黄宗羲停止讲学，专心著书立说。

黄宗羲是气一元论者，气在他的哲学思想中有独特的地位，气统心、性、理、道。他认为整个宇宙充满了气，气变化无穷，人的生死、季节的交替、气候的变化都是由气主导的。他还提出气与理的关系是流行与主宰的关系，理气合一；气在人身上的表现是心，"知气"即心，理在人身上表现为性，心与性的关系也是流行与主宰的关系，心性合一。因为气即理，而心乃气之灵明者，所以穷理的过程就是知气对自我之规律性的把握，就是心对本身之理的反思。

黄宗羲主张明经通史。他认为做学问要先通读经书，要博览群书，还要重视史学的学习，用史料的记载佐证经书中的观点，用"史"中的事实纠正"经"书的错误，经史只有相结合才能更好地服务于现实社会。

黄宗羲提倡"深求其故，取证于心"的治学方法。他认为读书做学问要有不同的见解，想要得出不同的见解，就要深思，就要敢于质疑，只有对知识进行加工整理，才能产生自己的见解，只有敢于质疑，才能突破旧的学说，有所创新。

黄宗羲提出了"天下为主，君为客"的观点。他在《明夷待访录》中说，君主是天下的大害，其实人民才是国家的主人，君主只是人民请来管理国家的客人，有贤者上，无能者退，可以通过设立丞相对君主的权力进行限制。黄宗羲的主张已经超越孟子以来"尊君重民"式民本思想的旧范式，创立了"民主君客"式的新民本理论，其思想已具有朴素的民主启蒙性质，因而不是传统民本思想的"极限"，而是中国近代民主思想的开端。

黄宗羲对明末赋税制度进行了深刻批判，认为农民赋税进一步加重，统治者只收税银不收田地所产之物，进一步加重了农民的负担，建议统治者减轻税赋，实物和税银均收，计亩征税。黄宗羲主张私有产权，反对向私有土地课征，认为对私有土地的课征是扰民。他提出国家应该将土地授予人民，并按照一定的比例征税，以此来减轻人民的负担。

黄宗羲一生坎坷，但他始终不改初心，他的学问和气节被世人传颂，他对封建君主专制制度的批评，对后世反专制斗争起了积极的推动作用。

九、顾炎武

　　顾炎武（1613—1682年），初名绛，字宁人，昆山（今江苏省昆山市）人，明清之际思想家。因仰慕王炎午（文天祥的学生），他居住在亭林湖边，世人尊称他为"亭林先生"。顾炎武著有《日知录》《天下郡国利病书》《顾亭林诗文集》等。

　　顾炎武出身于江东望族，从小就听了很多岳飞、文天祥、方孝孺等忠义之士的故事。他多次参加乡试，均不中，断然放弃科考。

　　清军入关后，顾炎武迅速加入南明朝廷。针对南明朝廷的种种弊端，他从军事、兵力和财政等方面进行了深入的分析，写出了著名的"乙酉四论"（《军制论》《形势论》《田功论》《钱法论》）。

　　在清军的强大攻势下，南明于1645年灭亡。南明的灭亡并没能打击顾炎武反清复明的热情，他转身投入其他反清复明义军，不过他们的行动都以失败而告终。感觉复明无望的顾炎武，只能到明孝陵表达自己对故国的哀思。

1657 年，顾炎武回到家乡，将家产悉数变卖，然后游历河北、河南、山东、山西等地，晚年定居于陕西华阴。

1678 年，康熙广招明朝遗民，顾炎武多次被推荐，但都被他以死拒绝。直到去世，他都没有在清朝廷任一官半职。

顾炎武批评程朱理学、陆王心学，赞成张载关于"太虚""气""万物"三者统一的学说，承认"气"是宇宙的实体。顾炎武对理学的看法为："古今安得别有所谓理学者？经学即理学也。自有舍经学以言理学者，而邪说以起，不知舍经学，则其所谓理学者，禅学也。"他认为研究经学需要长时间的努力，而

当时讲理学的一些人，连最起码的古代经典都不读，只是抱着近儒的几本语录，空谈心性，妄想一旦顿悟，这种所谓的理学不过是禅学而已。顾炎武认为陆王心学的兴起，造成了社会上空谈良知心性的学风。他提倡"经世致用"

的实际学问，认为学习应该与当世之务结合。

顾炎武认为读书人应该将自己的学识用于天下，服务于社会，而不是追求名利，或隐居山野。他认为学者应该将修身治学跟国家民族的前途结合起来，去"明道救世"，为天下苍生谋福利。

他认为做学问不应拘泥于某家某派，只要对学术研究有用，就应积极吸收，要"博学于文"，对儒、释、道、墨、法等各家，以及自然现象、社会变迁、"外国风俗"等都应有涉猎。

顾炎武提倡"行己有耻"，即要用羞恶廉耻之心来约束自己的言行。有鉴于明末清初一些学者和官员寡廉鲜耻、趋炎附势，他强调"士而不先言耻，则为无本之人"，认为只有懂得羞恶廉耻而注重实学的人，才真正符合"圣人之道"。

顾炎武的思想对中国历史产生了深远的影响。他倡导的"明道救世""经世致用"，一举扭转了明朝的空谈之风，使得学术活动变得更加务实。他在生活政治方面提出的一些主张，为当时社会的发展作出了积极的贡献。

十、王夫之

王夫之（1619—1692 年），字而农，号姜斋，世称"船山先生"，湖南衡阳人，明清之际思想家，"明末清初四大启蒙思想家"之一，著有《周易外传》《尚书引义》《思问录内外篇》等。

王夫之四岁入家塾，后来跟随长兄学习十三经。他十四岁考中秀才，二十四岁中举。二十五岁参加会试时，因道路被张献忠起义军阻挡，中途折返。

清朝顺治初年，王夫之积极参加抗击清军的活动，被清廷通缉，被迫到处流亡。流亡期间，他为当地文人学者讲授《周易》《春秋》等，并积极著书立说。

康熙十四年（1675 年），王夫之建成"湘西草堂"，在此居住下来。康熙十七年（1678 年），吴三桂求王夫之撰写劝进表，王夫之断然拒绝，躲到深山写了一篇《祓禊赋》来表明自己誓死不从的志向。康熙三十一年（1692

年），王夫之病逝于湘西草堂。

王夫之一生都在求学问，并努力将所感所悟写下来，他的著述达八百多万字。

王夫之继承并发展了张载的"气学"思想，认为气是宇宙的本原，气是客观存在的，是一切物质现象的实体，"理"是客观规律。对于气和理的关系，王夫之认为"理在气中""理依于气"，他既批判了程朱理学所宣扬的"理先气后""理生气"的客观唯心主义的本体论，也批判了陆王心学的"心即理""心外无理"的主观唯心主义本体论。

王夫之反对"生而知之"的先验论。他认为人认识世界的方法是先通过耳朵、眼睛等器官听、看，然后心才能感应到，才能知晓事物的规律，所以知识是后天习得的，并不是先天就有的。

"天"是王夫之哲学思想中的一个重要概念。他所说的"天"具有两重含义：一是指与地相对的天，即自然之天，二是指气的总体，即无限的物质世界。王夫之还将"天"当作支配历史发展的决定力量，认为"天"就是"民心之大同者"，想要获得"天"的认可，就要"畏民""重民"。他看到了民心的向背对历史发展的作用，所以反对以往所谓的"天命""道统"等思想，主张从历史本身去探究社会发展变化的规律。

王夫之认为人性不是一成不变，而是不断变化的，并且人可以自主选择。他反对程朱理学的"存天理，灭人欲"，认为天理存在于人欲之中，人不能离开欲望，空谈天理。

王夫之是中国古代哲学思想的集大成者，对后世哲学的发展产生了重要影响。他的思想被广泛传播，逐渐成为一代代有识之士的重要思想源泉。此外，王夫之主张反禁欲主义、均天下、反专制等，这些具有民主色彩的进步思想对后世也产生了深远影响。

十一、唐 甄

唐甄（1630—1704年），初名大陶，字铸万，号圃亭，四川达州人，清初思想家，著有《潜书》《圃亭集》《春秋述传》等。

唐甄从小就喜欢读书，于顺治十四年（1657年）中举人，会试不中，不久参加吏部的选拔考试，以举人出仕。

1671年，唐甄任长子县知县。他看到刑罚太严，就废除了夹棍酷刑；看到百姓生活贫困，就带领大家种桑养蚕，让百姓增加收入。后来，他因案件牵连被革职，为官不足十月。

唐甄被革职后，变卖财产去经商，结果赔得连本钱都没了。后来，他寓居苏州，靠讲学卖文维持生计。即便生活贫困潦倒，唐甄依然每天读书、著书，历经三十年完成《衡书》。

当时的文学名士魏禧读到《衡书·五行》时，不禁拍案而起，惊呼"五百年无此文也"，随后从中选择十三篇刻印。书刻印完成后，一时引得四方争购，《衡书》名震天下。后来，唐甄以著述的主题与东汉王符《潜夫论》相同，即"以讥当时失得，不欲章显其名"为由，将《衡书》更名为《潜书》。

唐甄在《潜书》中对封建君主制进行了无情的批判。他说天子也是人，根本不是上天的儿子，"君权神授"只是统治者用来笼络人心的谎言。

他批判了封建君主制的罪恶，称"凡为帝王者，皆贼也"。他认为，既然杀一人，抢布匹、粮食的是贼，那么杀天下之人，抢天下之布匹、粮食的帝王就不是贼吗？这些帝王荒淫无道、嗜杀成性，其实是天下的"大贼"。他对封建君主的抨击，在当时是十分大胆的，是具有进步意义的。

唐甄认为人民是国家的根本，为政的首要目标就是富民，只有人民丰衣足食，国家才能兴旺发达。唐甄认为富民不是只让极少数当权者富起来，而是让绝大多数人民都能富起来。他还提出了很多具体的富民措施，比如发展农业、手工业和商业，改革货币，促进商业流通等。

唐甄认为经世致用、救世治民才是圣人之道的根本宗旨。所以，他批判了道家只重"养生"，佛家只求"明死"，程朱理学"但明己性，无救于世"的主张，他说修身与治天下是相互统一的，二者不能分开。

唐甄对封建君主制的批判对后世影响较大，他重视实用、强调实干的思想，至今仍具有现实意义。